Aufbruch ins Uferlose
-Lyrische Texte-

Facing the Unconditional
-Lyrical writings-

by
Jean Thill

CWP
Central West Publishing

Disclaimer

A catalogue record for this book is available from the National Library of Australia

ISBN (print): 978-1-925823-76-9

Denen, die ihr eigenes Leben zu leben wagen.

To those who dare living their own life.

Vorwort

Dichtung ist die Sprache des Geistes, aber auch Anmaßung, da sie für sich beansprucht, den gestaltlosen Geist ergründen zu können! Warum unternimmt der Mensch diese unsicherste aller Reisen? Warum reicht ihm messbares Wissen nicht, wo die Wissenschaften doch Sicherheit durch Kontrolle versprechen? Was ist es also, was den Dichter in die unbekannten Regionen des Geistes treibt, die der Verstand niemals ergründen kann? Was *fehlt* danach dem Denkvermögen, was der formlose Geist offenbar von Anfang an besitzt?

Dichtung rührt an die Quelle des Seienden, weil sie im Namen des Heiligsten zu den Hörenden spricht. Sie ist erhabenstes Substrat und deshalb realer als alles Fassbare! Was das Erhabene im Kern ausmacht, wird durch Dichtung einsehbar. Aber der Dichter ist nicht nur Mitwisser am Ewigen: er beschreibt fernerhin dessen Kern über mehrschichtige Wortkreationen. Er ist Ausrufer und Seher unsichtbarer Welten und selber Teil davon, als *Erinnerung* daran, dass es für den Menschen Zuflucht nur im Geiste gibt, auch wenn dieser Anspruch der gegenwärtigen Welt ungelegen erscheint, weil sie das Gedächtnis an ihre Quelle mutwillig verspielt hat.

Dichtung ist kühnste Odyssee an die Grenzen des Intellekts und darüber hinaus: auf dieser Reise ist der Dichter allein mit seinem *inneren* Gott, der ihm jede Möglichkeit nimmt sich selber und andere irrezuführen! Er gibt sich dem Höchsten hin, wie die Beute dem, der über sie verfügen darf! Er bricht nur zögernd auf in ein Uferloses, das alle Maße und Worthülsen sprengt. Der Dichter ist ein Außenseiter. Er tastet sich auf weit ausholenden Wegen und Brücken voran, auf denen niemand schwindelfrei ist. Er ist Eremit, Mönch und Kämpfer gegen das Geistlose und Zerfallende einfältigsten Zeitgeistes! Er rudert *gegen* die Verniedlichung des Daseins an. Er mahnt und lehnt ab. Er erinnert mit ungewohnten Worten an jene Instanz, die ihm den Auftrag *fordernd* gab. Er ist der Abgesandte einer *anderen* Kraft, die sich keinem menschlichen Willen beugt.

Wir alle haben aus unserer Erinnerung gerade jenen „Ort" getilgt, dem wir in Wahrheit entstammen. Dichtung verweist auf den Ursprung *allen* Lebens aus dem Geist! Und gewaltige Fülle und Kraft entspringt gerade dem *Wort*, das alle Räume zeugt: Wort und Tat sind aufs engste verknüpft! Produktiver Geist kommt *verdichtet* in einer *strukturell aktiven* Sprache, die das zu Bildende im definierenden Akt antizipiert: „Verbum Factum Est". Sie ist das natürliche Medium *formativen* Bewusstseins! Der definierende Akt schließt die ganze Fülle des zu Entfaltenden bereits ein, dessen Substanz in strukturell aktiven Ausdrücken vorgeprägt schon vorhanden ist.

Auch Dichtung ordnet der Idee Form und Kraft zu dank der lyrischen Wortfülle: „Am Anfang war das Wort und es war (bei) Gott" [Joh. 1]. Der *Sagende* ist ein *Bildender* und das *Gebildete* entspricht der Struktur des *Gesagten*. So wird der Dichter zum *Mitschöpfer aus Geist*, dem er seinen Auftrag verdankt. Geist bringt jede Welt hervor. In ihm fließt des Schöpfers fertiges Sinnen, das sich spiegelt im Unfertigen, so dass beide sich *erkennen*. Dichtung projiziert das Verborgene auf die Bühne des Sagbaren, dessen zeitlose Gesetze der Dichter offenlegt. Der Autor macht über die Idee kodierter Struktur deutlich, warum der *definierende Beobachter* als *haftbarer Mitschöpfer* anzusehen ist, während das Gestaltete, wie zuvor betont, der Struktur des Geäußerten ursächlich entspricht.

Dichtung versorgt den Menschen mit einem geistigen Spiegelbild, einer transpersonalen Identität wie die Geschichte zeigt. Die Ausbildung von Identität ist die vornehmliche Gabe großer Dichtung und Grundlage jeder bedeutenden Kultur. Deswegen kommen Leugnung und Scheuen vor der *eigenen* Kultur einem Sakrileg gleich! Die heute gängige Praxis der Politisierung des Kulturellen ist blamables Zeugnis für uns alle.

Dichtung hat auch eine sozialkritische Seite: sie mahnt insbesondere jene Missetaten des Menschen an, die seine *geistige* Entwicklung als Spezies und damit wirklichen Fortschritt gefährden! Speziell technologischer Fortschritt taugt nicht als Messzahl, um den Entwicklungsgrad des Menschen zu bestimmen, der zentral davon abhängt, wie wir uns zum Leben als *Ganzes* verhalten. Die eiserne Ausbeutung des Planeten zeichnet den Menschen allgemein als geistig unmündig. Zudem laufen seine geistige und technologische Entwicklung immer weiter auseinander. Geist kann nicht technisiert werden, während vergeistigte Technik nicht einmal ansatzweise zur Debatte steht. In der verheerenden Doktrin des „Homo Faber" ist kein Platz für die Anwendung ethischer Prinzipien vorgesehen!

Die Position der Wissenschaften in der Gesellschaft bezogen auf ein nicht vorhandenes Verhältnis zum Geistigen ist vom Dichter zu hinterfragen: Wo liegen ihre moralisch verantwortbaren Grenzen? Wie können diese wirksam zum Wohl der Gemeinschaft verankert werden? Es ist demzufolge unerlässlich den Dichterstand auch als *politische* Tätigkeit aufzufassen.

Dichtung eröffnet an der Grenze des Aussprechbaren eine Dimension, die in den strukturlosen Geist mündet, von dem sie gleichwohl ihre Legitimation und Prägung erhält. Wenn daher grenzwertiges Sagen geistige Ziele in einer kreativen Sprache komprimierend und rhythmisch passend abbildet, liegt Dichtung vor. In dem Fall bedarf es weder einer besonderen Metrik noch störende, da den Inhalt verformende Reime.

Eine Neuinterpretation des wissenschaftlichen Paradigmas kommt in der Arbeit des Autors zum Thema Bewusstsein und Sprache zum Ausdruck: Darin wird Bewusstsein nicht länger als Summe von Zuständen des Gewahrseins, sondern als *kreative Instanz* aufgefasst! Eine strukturelle Theorie des Bewusstseins und der Sprache verlangt nach einer *aktiven* Algebra, die sich als natürliche Sprache des schöpferischen Bewusstseins herausstellt. Mathematische Ausdrücke sind dann nicht mehr nur Symbole für Konzepte, sondern verweisen ferner auf die sog. *Strukturwellen*, die sich aus Amplituden-Information und formativer mentaler Arbeit zusammensetzen. Eine *strukturell aktive* Algebra birgt die umzusetzende Realität schon strukturell und definiert somit den Genesis-Faktor als *Verbum*! Die Methodik des Forschers nähert sich auf diese Weise der Praktik des poetologischen Linguisten an, aber auch umgekehrt, da beide Sichtweisen die Entwicklung einer *produktiven* Sprache anstreben, deren Kern die mit *Bauplan* sowie *mentaler Arbeit* beladenen Strukturwellen ausmachen.

Die strukturell aktiven Konzepten anhängende schöpferische Struktur übersteigt jede lexikale Bedeutung, da sie außer dem abzuarbeitenden Bauplan ebenso den benötigten „Stoff" in der Gestalt struktureller Energie (i.e. mentale Arbeit) zur *Umsetzung* des Definierten in sich birgt, *bevor* die tatsächliche Ausführung erfolgt! Nicht nur konzeptuelles sondern auch manifestiertes Sein rufen nach einer kreativen Sprache, von der aus beide Formen des Mental Gestalt annehmen können.

Im *sprachlichen* Ausdruck wird der *produktive* Part des Geistes über die *Freisetzung von Strukturwellen* offenbar, welche die aktive Sprache des Seins begründen. Die Emission von Strukturwellen eines nichtlokal und von "Einschluss" losgesagten Bewusstseins kann nur *ontologisch* begriffen werden.

Man könnte meinen, dass wir Menschen die Vernunft mit den sittlichen Ansprüchen des Geistes verknüpfen müssten in Bezug auf die Sinnfrage und moralische Legitimation des definierenden Aktes. Nun, dieses Problem ist vom Bewusstsein längst gelöst und zwar so, dass *alle Strukturwellen semantisch kodiert* auftreten. Dieser Code, in den *ethische* Prinzipien eingeschrieben sind, wird über die Strukturwelle erkennbar. Die auf eine produktive sowie moralisch verschlüsselte Sprache gestützte Realisierung des Konzeptuellen ist universal nachweisbar und somit absolut.

Dichtung ist *veräußerter* Geist und damit die Quelle *aller* Sprachen. Aus der Aktualisierung der erörterten strukturell aktiven Sprache, die eigentliche definierende Sprache des Geistes, ergibt sich der schöpferische Teil des Bewusstseins, also der Mental in seiner konzeptuellen und ausgedrückten Form: der Unterschied zwischen beiden Formen liegt *nur* in der Anwendung einer *Zahlform*- statt *Zahl*-Metrik (cf. Zahlform Theorie). Kurz, der Autor sieht in der besagten aktiven Algebra die von sensorischen Daten bereinigte Sprache der Schöpfung.

Der Dichter spricht im Namen Gottes, demnach *absolut* zu den Menschen. Er fügt sich seinem absoluten Willen während er in das Unbedingte aufbricht, um hier zu empfangen, was er nach seiner Rückkehr den Menschen als Dichtung anbietet. Dieser Vorgang verweist auf ein grundlegend Mosaisches Muster!

Um an dieser Reise teilzunehmen, bedarf es jedoch eines straffen Rüstzeugs, will heißen: Der Leser wird ersucht Altbekanntes und Erlerntes abzugeben! Eine Reise in den Geist ist nur ohne die Befolgung jemandes Normen realisierbar, da solche ihn beschneiden und damit entstellen würden. Geist ist radikal gestaltlos, also auch vom Mental abgekoppelt wirksam, den er gleichwohl in einer unabsehbaren Vielfalt erzeugt: Die Strukturwellen Theorie des Autors zeigt auf wie dieses Ziel erreicht werden kann.

Ich zögere indes die in dieses Buch aufgenommenen dreisprachigen lyrischen Texte, hauptsächlich in Deutsch verfasst, davon zwei kürzere Teile in Französischer und Englischer Sprache geschrieben, als „Gedichte" zu bezeichnen, da sie weder einer Metrik folgen, noch mit Reimen versehen sind. Auch hat der Autor die jeweilig benutzte Sprache *nicht* unter mehreren *ausgesucht*: er hat das Empfangene aufgezeichnet in der Sprache, in der er es erfahren hat. Allein der *variable Rhythmus* der Dichtung, der ab und zu an atonale Musik erinnert und ohne definierbare Metrik auskommt, ist relevant.

Des Weiteren spielen Klang-Farben eine zentrale Rolle in meinen Arbeiten. Diverse Ebenen haften den Schlüsselwörtern an, wovon der Klang nur *eine* ist. Zusammen bilden die dargebotenen Bedeutungsebenen in der lyrischen Wortfolge pulsierende und schillernde Übergänge in unentdeckte Räume, aus denen der Dichter seine Eingebungen bezieht.

Die in dieses Buch aufgenommenen Texte sind keine Prosa. Sie erkunden die *ursprünglichste* aller Sprachen, jene des schöpferischen Geistes, der sich selbst in einem nie endenden Anlauf immerzu erneuerter Ausdrucksformen ergründet.

Ein wesentlicher Unterschied zwischen Prosa und Lyrik besteht darin, dass in lyrischen Wortstrukturen mehrere Ebenen wie Andeutung, Farbe, Klang und Bild zusammen *wechselwirken*. Solche Interaktionen erzeugen Unvorhersehbares! Ein zentraler Effekt zeigt sich darin, dass die Stapelung von Bedeutungslagen in den Schlüsselwörtern Antinomien jedweder Art abschafft, ohne dass dabei Sinnebenen verloren gingen.

Ferner verhalten sich poetische Wortstrukturen wie Symbole, die mit dem Leser und seinen Anschauungen unvorhersehbar interagieren und über diese Wechselwirkungen Türen in vielfach verschachtelte Räume eröffnen.

Die Aufeinanderfolge paradoxer Schlüsselwörter für den Fall, dass die implizierte Idee nicht verbalisiert werden kann, führt zu exotischen Gedankenspielen, welche die fehlenden Begriffe nachzuahmen suchen.

Ich wünsche jedem Leser ein ganz persönliches Eintauchen in die unwägbaren Dimensionen des Geistes, wozu die lyrischen Texte dieses Buches Anregung sein sollen!

Großen Dank schulde ich dem Central West Publishing House, Australien, speziell dem Verleger und Geschäftsführer Herrn Dr. Vikas Mittal für die Veröffentlichung dieses Buches und für sein stets offenes Ohr betreffend alle verlegerischen Belange.

Alle Grafiken wurden vom Autor selbst entworfen und sind urheberrechtlich geschützt.

Jean Thill
Luxemburg im März 2019.

Preface

Poetry is the natural language of the Spirit, but also pretension since assuming that man is qualified to investigate a formless substance! But why does he initiate that most uncertain of all the journeys? Why doesn't he content himself with measurable facts given that the sciences promise safety thru control? What makes the poet dive into rationally undetectable dimensions that cannot be inspected by the mind? Hence, what does the intellect lack that the Spirit owns right from the start?

Lyrics reflecting the midpoint of Being addresses the listener in the name of the Divine performing as a sanctified substrate that is more real than anything palpable by the senses though!

The Core of Being becomes partially perceivable thru poetry. The poet provides a face to that absolute Instance by multifaceted word sequences. He is the herald and seer of hidden realities whilst occupying them personally as a result of reminiscence and monition that the true home of man can only reside in the Spirit albeit such views appear outlandish to this world that has lost the memory of their Source promiscuously.

Poetry is a keen odyssey to the edges of the mind uncovering states of consciousness that lie beyond the thinkable. The poet is alone on this unequaled tour with the *inner* God depriving him of the occasion to beguile himself and others. He addicts himself to the highest power just like the prey shoulders their defeat by a mightier agent. He starts uncomfortable into the Unconditional that blows up each fact easily. The poet staggers on raveled paths over bridges, which no one covers without whirl. He is hermit, monk, but also fighter blaming any trifling and thus decomposing way of life generated by an insane time spirit. He scolds belittling Being. He duns and rejects edgily. He points with weird words to the Source that gave him his mission. He is the emissary of an *outward* potency that does not bow to human will!

We have removed from our memory the "place" we truly come from. Poetry reminds us that the start of each life form lies in the Spirit. And epic opulence is rooted in the word that brings forth either world: Indeed, word and deed are astutely related! The productive Spirit comes *condensed* in a structurally active language anticipating the result of the defining act: "Verbum Factum Est". A structurally functional language is the natural medium of *defining* Consciousness! The defining act generating the item to be built preexists *structurally* in *active* semiotics. Furthermore, poetry articulates the content of the Mental thru a structural opulence embedded in the word: "In the beginning the word was (close to) God" [John 1].

We uphold in Structure wave theory that the *defining* observer is the real *builder* of the Mental such that what is *made* fits the structure of what has previously been *said*. The poet formulates thru the Spirit to whom he owes his mission. All is made by the Spirit. Herein flows the defining energy of the Divinity mirroring in the unfinished so that both, Creator and creature, can recognize themselves.
That way, poetry turns into a mirror of the Invisible whose eternal laws are exposed by the poet piecemeal.

Poetry fosters mankind with *identity* as well, as history shows. Identity is a highly treasurable contribution of poetry since the groundwork of every relevant culture. It is for this reason that rebuffing the *own* culture is really a sacrilege! Today's lobbying of cultural topics is a crude witness of this major mistake.

Poetry has likewise a socially critical facet whilst pillorying the transgressions of man that threat his spiritual growth surely. Particularly man's technological advance is not suitable to estimate real progress that can result only from a *global* vision on life. The continuous exploit of the planet and their species by man shows that he is spiritually under-age in general whilst the spiritual and technological development drift apart continually. Spirit cannot be engineered while spiritualized technology is not available. There is truly no room for ethics in man's ruinous doctrine of the feasible!

The position of the sciences in society comes without a link to a spiritual way of life that is questioned by the poet:
Which are their limits the sciences must answer morally for? How can we integrate these restrictions in the laws ruling the well-being of the community? Thus, it is necessary to think of the poet's pursuit likewise as a *political* activity.

Poetry opens at the edge of what can be held a dimension into a formless Spirit from whom the poet acquires his legitimacy though. So, once the told follows spiritual intents in a creative and condensed verbal form joined by suitable rhythms, then the result is poetry. To attain that goal, neither explicit metrics nor constricting rhymes are needed.

A novel interpretation of the scientific paradigm is laid down in the work of the author about Consciousness and Language: Consciousness is no longer referred as a gathering of different states of awareness, but as a comprehensive *creative* agent.

A structural theory of Consciousness requires an *active* algebra that turns out to be the natural language of *productive* Consciousness yielding the Mental via dedicated releases of *structure waves* that satisfy the formal needs of that language.

In that setting, mathematical terms are no longer just symbols denoting concepts, but become also structurally active whilst reproducing explicit releases of structural oscillators that hold both formative amplitude information and structural energy (i.e. mental work). Then, a structurally active algebra appears as a defining act packed with predictable reality *prior* to their factual rise! The method of the natural scientist lines up with the way of thinking of the linguist and vice versa, as both views attempt to found a *creative* language, the center of which are *structure waves* respectively *structural oscillators* transcending any lexical meaning whilst storing both the explicit building plan and structural energy of the item that is to be *defined* and thus *realized*.

Furthermore, the author can make plausible in Structure wave theory that the conceptual and manifested Mental follow the *same* structurally active syntax that is actually enough to yield both forms so that no substantial difference among them may surprisingly enough be affirmed!

One could reason that we should link our thinking to the ethical needs of the Spirit to solve the enquiry for meaning and so find a durable legitimacy for the defining act. Still, this issue is resolved at the outset by Consciousness thru a universal moral encoding reconciling all the features of ethics that we describe completely in Structure wave theory. That *morally set creative language* building both the conceptual and manifested Mental is universally available and must accordingly be held absolute.

The difference amid the claimed forms of the Mental just lies in the usage of *number form* instead of number metrics as exposed in detail in Number form theory.

In short, the author regards the *morally preset structurally active algebra* as the *language of Creation*. Structurally active notions are structural oscillators stripped of any form of sensorial data that cannot be turned into structure wave form. We see in the creative part of Consciousness, namely the Mental, the *verbalized* facet of the absolute Spirit!

Poetry is verbalized Spirit and thus the source of any language. The poet speaks in the Name of the most Holy, thus *absolutely* to men! He fulfills the Will of God striving into the Unconditional to acquire his lyrical offering. Inversely, he asks for help from these sacred realms to accomplish his task according to the highest standards possible.

The reader is invited to join the poet's intimate journey regardless the "risks" that must be articulated though. He is especially bidden to cast-off any stale habit and learner system! A journey into the Spirit is practicable only for those who reject the learnt norms and dogmas that limit the innate infinite potential of the Spirit.

I rather hesitate labelling the lyrical writings in this book that come in three languages, written mainly in German, the other smaller parts are composed in English and French, as "poems", as they do not follow a fixed metric whilst rhymes are absent.

Furthermore, the author has not chosen the language in which he writes: he pens down the contents in the language that is right at the moment of the record. The variable rhythm of the text that is metrically undefined while suggesting sporadically atonal music reminiscences is the sole decisive factor.

What's more, tone colors play a central role in my works. Numerous layers of meaning cover the key words whereof the sound level is just *one* dimension. These layers define together vibrant and lively transitions into nameless spaces where the pieces of lyrics come from. Various ways of articulation modulate these contents additionally.

Definitely, the text arrangements in this book are not prose yet do they not integrate neither metrics nor rhymes! They try to reflect the *prime* language exposing how the Spirit articulates Himself on an infinite quest to Himself thru a *lyrical* language.

The main difference among prose and lyrics resides in the circumstance that lyrical structures gather varied levels of meaning, suggestion, depiction and color. These points appear superposed, thus yield multidimensional mental landscapes that reflect the nature of their Source.

An important benefit of the practice superposing varied levels of meaning resides in reconciling stylishly antinomies without generating exclusions for either level.

Besides, lyrical word structures are symbolic reservoirs interacting with the reader and his convictions whilst approaching gradually the nameless Source.

A succession of paradox key arguments, once the required expression is missing, yields peculiar thought patterns. Compensation is gained thru unusual word groupings that reproduce the missing idea.

I wish the reader a keen drop in the unforeseeable dimensions of the Spirit. May the lyrical texts of this book be stimuli to him for exciting spiritual adventures!

My sincere gratitude and many thanks go to Central West Publishing House, Australia, especially to the publisher and managing Director Dr. Vikas Mittal allowing me to issue this book, but also for his sympathetic ear concerning all the publishing issues.

Finally, all the graphics were produced by the author himself whilst underlying his copyrights.

Jean Thill
Luxembourg in March 2019.

A la source

Tu prends ta vie dans tes bras
comme une ombre.
Tu la caresses sans la comprendre
et tu t'en vas.
Tu y reviens au fil des jours
à la source claire et accablante
et tu t'agenouilles et tu trembles.
Tu en bois des gorgées furtives
et las ton regard erre à l'encontre
de ton être, alourdi mille fois
par le fardeau de tes désirs
et tu chancelles et tu trembles
et sans jamais le comprendre.

A mes créanciers

Quand j'étais encore enfant
dans un coin de rue
maintenant barré et oublié,
où chaque flaque d'eau
me rappelait une mer enchantée,
où une seule bouffée d'air suffisait
pour évoquer l'esprit de plaines infinies,
où de minuscules navires en bois
devenaient sans difficulté aucune
des vaisseaux mystérieux,
où une gorgée de parfum insolite
d'une bouteille cassée m'enivrait,
quand je vivais tout cela :
J'étais heureux.

C'était plus tard seulement
que l'on m'apprenait
le goût de la douleur et du futile,
l'importance du médiocre et
que je vis la vanité du savoir.
Alors, je me soulevai et j'accusai.

Quand ils m'avaient enfermé
dans leurs tiroirs bien numérotés,
quand ils m'avaient ainsi *classé*,
ils furent soulagés.

Il ne me restait qu'à pourrir
entouré de prestations sociales

nécessaires à une vie banale,
mais protégée, et toujours
je ne les remerciai point.

Vous, les piètres défenseurs
de votre propre raideur,
de vies qui ne sont pas les vôtres,
recevez mon ingratitude la plus totale,
ma répugnance qui vous est due.

Abbruch

Wie eine Sonnenwand bemüht
die Scharen geräderter Söhne.

Sie fügen dem Nichtgelebten
schwärende Wunden zu,
bis es wie erstickt sich bläulich
zur Erde bückt und im Erbrechen hart
die fremde Last, ohne Wiederkehr,
ins Bodenlose fallen lässt.

Abendruf

Im Anbeginn erstand das Kreuz,
hielt wuchernd Mond und Erde.
Zu allen Zeiten ersteht es immer wieder,
leise im Winde mit dem Abendruf.

Über die Felder dämmert die Sehnsucht hin,
hinauf zu den Sternen, die beim Ewigen sind.

Von ferne hören Raben den Ruf
und schwingen wie fliegende Mäuse zu ihm hin.
In ihren Leibern wallt das Blut.

Zum Waldesrande wandern die Bäume
wie Gebeugte zum verkündeten Mahl.
An ihren Händen reifen die Früchte wie Opfergaben,
ehe sie fallen, dumpf, auf triefend braune Erde.

Maßlos im Verlangen
erreichen sie die wartende Flur.
Aus ihnen brechen Klagen,
Worte der Offenbarung bitter gezeugt:

Wir sind alle nicht uns selbst!
Wie oft haben wir, die Bettelnden, zu Dir gerufen:
Wie können wir uns selber sein?

Sage uns, Seliger, wo ist die Kraft gebunden,
die uns *uns selbst* lässt sein?

Abgetrieben

Für wie viel Glück
ist diese Zeit reif?

Für den gewohnten Imbiss
an der Straßenecke?
Für die Einmauerung
in der Zeit?
Für die Unterwerfung
an vorgegaukelte Pflicht?
Für die Genugtuung
lohnender Anpassung?

In der Wiege schon
wurdest du lächelnd
mit der Norm beklaut.
Selbst im Tode bleibst du
vermessenes Eigentum
des Staates.

Wie gut nur,
dass jener innere Spiegel,
den du Jahr für Jahr
mit Furcht behauchst,
dich jetzt in Ruhe lässt.

So fällt es dir leicht,
dich ohne viel Aufhebens
von dir selbst zu verabschieden.

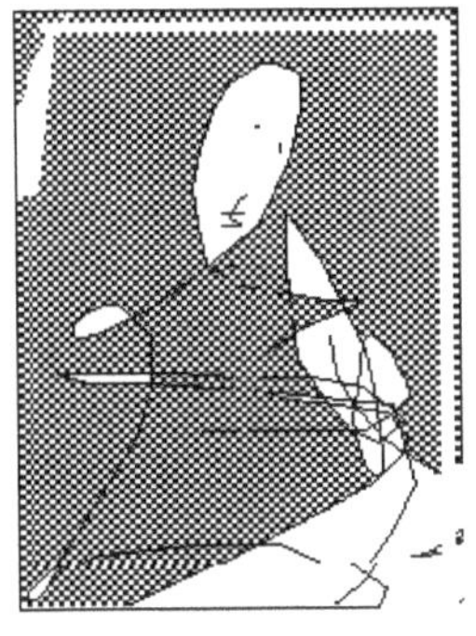

Ablehnung

Angehaucht vom Schönen,
starbst du viele Male um die Ecke.

Die Liebe hat dich verfehlt
im Mutterleib. Ein Fremder
bist du ihr geblieben.

Von allen Sternen wärmt sie
am meisten; wer sie denn erfährt.

Abraxas

Frucht im Springen
samenlos vererbt.
Sieh, die Uhren drängen.
Sie rufen überrannt.

Genarrt die Einsamen
in sühnenden Türmen.
Schaudernd ihr Gelingen.
Uferlos ihr hoher Kern.

Genug Glück gemeint.
Rein die Ausgeburt
aufgewiegelter Töne
im Meer der Ruhelosen.

Grottenhaft der Saal.
Helden eingeführt,
in dunkle Reiche vertrieben.
Ihr Klang hat sie gemehrt.

Gottheit, du bist frei!
Dein Sinnen ist Vermächtnis
in den Schalen aufgebrühter Tage.
Dein Atem ist das Zeichenlose.

Raum zog herüber,
gefüllt vom Sog der Lügen.
Zeit stand darüber.
Leben flog vorüber.

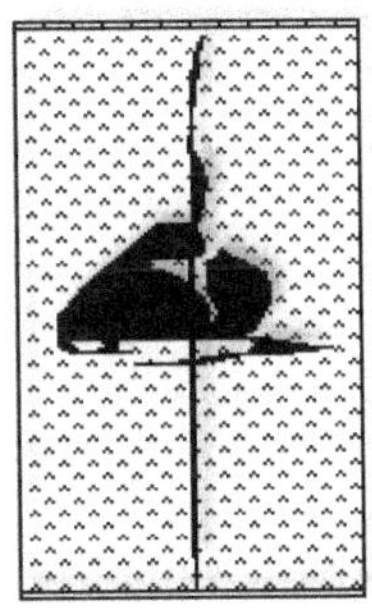

Abrechnung

Verfahrene Jugend.
Ängste breit gestreut
wie Straßen. Sie münden
in ein Meer der Finsternis.

Offen nach allen Seiten
die Schmerzen. Sie treiben
dich in den Verzug.

Falsch glänzt der Tag.
Falsch verheißen das Wort,
das ohne Abwehr
wie gerädert steht.

Anrüchig eigenes Gut.
Geplündert der Tempel
des Offenbarten. Einbruch.

Durchbruch. Wann?

Absage

Ich möchte mit meinen Gedanken spielen,
sie nicht bedrängt erschließen,
fernab von jeder Zugkraft,
die verbietet, erlaubt und mahnt.

Ich möchte mit meinen Gedanken reisen
in Reiche, die wahr und wirklich sind,
die ungebeugt all ihren Stolz vereinen
und in Freuden übergehen, ohne Wiederkehr.

Ich möchte mein ureigener Gedanke sein
und in diesem Rausch den Groll übertönen
einer heillos verarmten,
trostlos gelangweilten Welt.

Abschluss

Den alten Menschen ablegen
und unberührt bleiben
von seinen Tränen,
dessen falscher Glanz
noch immer zu gefallen weiß.
Abschied nehmen von Hohllauten
und eintauchen in helleres Wissen,
das *in* dir fließt.

Unbeteiligt dem Schein
die kalte Schulter zeigen
und fast verständnisvoll
ihn zum Ausgang begleiten,
denn nicht allein gelassen,
könnte er sich erholen leicht
und zurückkehren wollen.
Es wird ihm nicht gelingen.

Die Verlockung des Falschen
treibt unverhoffte Blüten
und überflutet deinen Kern
mit der Starre des Zwiespältigen.
Es sei denn, die Einsicht flöge
mit allgewaltigen Schüben
-wie die Gnade in den Wandel-
in das hadernde, sich selbst
beschneidende Herz unbefleckt
und in Freuden ein.

Halbwahrheiten haben ihren Preis
und stoßen in viele matte Leben dich.
Der Pakt mit der Umschweife
kostet endlose Mühsal
den sich selber verkennenden Geist.
Und Berge uralter Zähren
rauben ihm sein nahes Glück.

Steh auf in den *einigen* Geist,
der eines Gottes ist, der in sich
alle Kraft vereint, damit du erkennest,
dass das Höchste nur in dir Heimat hat!

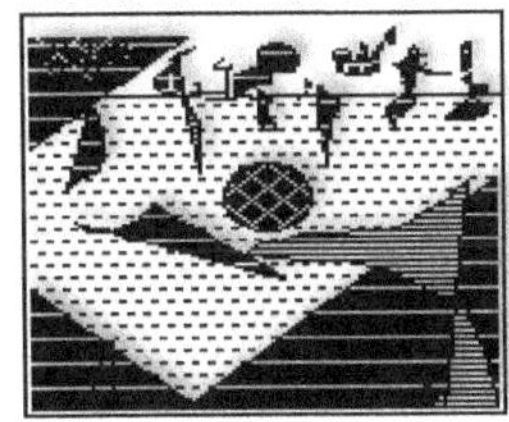

Abseits

Abseits
kreisender Stiere,

abseits
veruntreuter Riten,
draußen
im ungeteilten Runden,
im Tonraum des Erbauten,
im steinalt empfangenen,
im zeitverlorenen Riff,

abseits
gefallener Sonnen,
abseits
wach gerufener Enge,

abseits
aufgewiegelter, tonlos
begangener, ferner
Versunkenheit,

abseits von alledem,
abseits davon das *Ist*.

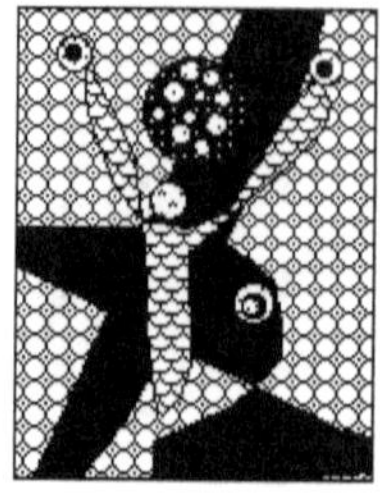

Alogisch

Haus unter der blauen Wolke,
seitenverschoben dein Schiff
am Strand der Öde.

Axiome ungenügend.
Logik unbrauchbar im Kern.
Verbogen vom Irrsinn du.

Dein Anspruch wächst
schneller ohne die Bücher,
greift höher ohne das Wort.

Alles Denken zerbricht
am Über-Sinn des Wortlosen.

Alogik greifbar
in den Tiefen deiner Seele.
Nur hier ist Neuland in Sicht.

Amour heureux

Amour heureux,
il n'y en a,
sauf, peut-être,
au pays des miroirs.

Larmes en feu,
là-bas, au-delà
du monde des voiles,
il y a la plénitude

et la force
de la supporter.

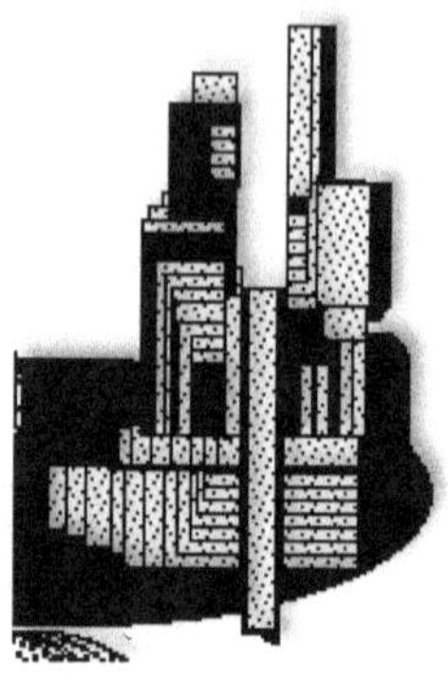

An den Hohn der Welt

Dich will ich willkommen heißen,
du Würde *eigener* Stärke.

Erhaben über jede Unwissenheit,
über jeden angelernten Weg,
über den selbst geführten Stoß
nach innen.

Du bist des Sehenden tiefster Ruf.
Du bist Mehrung im Sieb reinsten Gebens.
Du bist entflohen dem mühevoll Gewollten.

In dir ist jeder Wille ergebnislos,
du Weite reinsten Tuns.

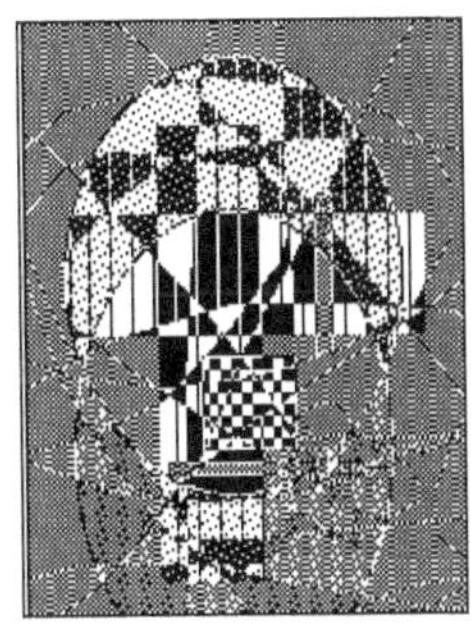

An den Sohn des Re

Dann schlage du den Sonnenmantel um
und in den Mond, den Müden, steige.
Ergründe sein Innerstes, sein Wimmern,
das leise in den Abend sticht.

Ertränke ihn in deiner Glut und gib,
dass an ihm Lebendiges in den Traum entrückt.
Gib ihm von deinem Übermaß,
von deiner schweren Fülle, bis er dann
wie im Rausch zur Neige blickt und bricht

und *in sich selber* endlich ruht.

An den Tod

Deine Kinder sind die Prediger,
die in flatternden Gewändern
von laut besungenen Taten
wie von Offenbarung berichten.
Könnten sie erzählen
von beschaulicheren Dingen nur,
die *in ihnen selber* geschehen
und nicht draußen, irgendwo.

Deine Kinder sind die Verführten,
die an weiß getünchten
Altären deine Macht mahnend
im Donnerwort erfahren haben
und den Unschlüssigen glauben tun,
er selber wäre nicht genug,
er bedürfe der Zuwendung
und Aufklärung von außen noch.

Deine Kinder sind die Zweifler
und an sich selber Fastenden;
jene, die in ausgesuchten
Liturgien vom sicheren Ende
unaufhaltsam reden und
zur Rückbesinnung den Schwärmer
aus seiner Mitte tadelnd rufen.
Nein, erpressen wollen sie nicht!

Deine Kinder sind die Dinggläubigen,
die fürchten zu verlieren,

was sie in Jahren schnöder Suche
zusammengerafft, ohne freilich
die bessere Auswahl zu treffen,
dem Ruf ihrer Mitte zu folgen,
der es ihnen erlaubt hätte dich
Tod endgültig zu vergessen.

Deine Kinder sind die Dienenden,
deren Tun in den eigenen Kern
die tieferen Wunden reißt, die aus
alten Qualen dich stets neu gebären
und in bitteren Freuden nach dir
wie einer reglosen Mutter rufen.
Du enttäuschst sie nicht.

An der Schwelle

An der Schwelle zu Neuem
wirkt das Überholte gebrechlicher.

Es rafft sich zusammen
wie ein letzter, großer Schrei,
der aufbegehrt und noch will.

Sein Gefieder, einst gebieterisch
und über alle Zweifel erhaben,
wirkt so schmächtig jetzt
und wie verraten, drüben
an den Säulen des Gewagten.

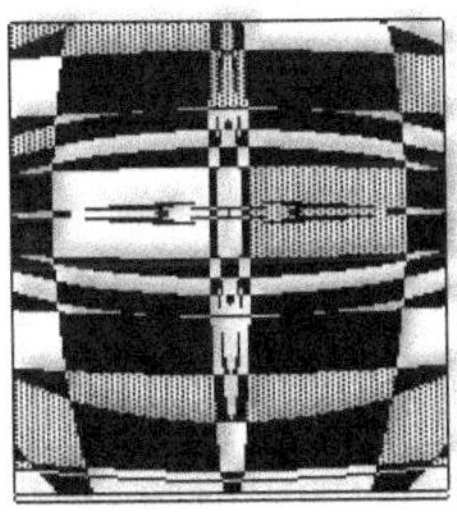

An die Bedürftigen

Verjüngt euer Antlitz mit helleren Freuden,
die zwar nicht in besinnlicher Muße erdacht,
dennoch neben euch bereits gebettet liegen,
als warteten sie länger schon auf einen leisen Wink.

Auch dieser wäre genug gewesen schon, wenn er
nur aus sich selber empfunden gekommen wäre
und nicht von draußen hätte eingefahren werden
müssen. Er wird euch *so* nichts nützen.

An die Dichter

Ihr, die Wegbereiter einer neuen Zeit,
Kämpfer am Ich und ewig Ungehörte,
Zeiger nach innen in reicheres Land,
wann kämet ihr entfesselt wieder und hinget
an den Baum des Glücks die alten Leiden auf
und ginget neu beseelt in Eigenes zurück?

Unwiderruflich die Erneuerung des Ich!
Aufstehen ohne das Joch alter Trugbilder,
die stärker werden umso gefügiger wir sind.

Aus den Kerkern brechen die Zuhörenden
in Freuden aus und hängen den Mutigen
sich um ihren weiten Hals und rufen nach
Lossprechung von selbst gelegten Qualen,
Fußangeln in die Finsternis erlernter Furcht.

Beflügelt aber das Niedrige vom ewigen Wort.
Ein Innenflug sonnigster Wesen die Einsicht,
die fordernd diese Welt stets neu durchflutet
und von ihrem Gott bewegendes Zeugnis gibt
den Blinden und Bettlern einer lahmen Welt.

Kein Ding will in sein früheres Glück zurück,
es sei denn *alles* spiegelte sich ganz in ihm.

An die Dinggläubigen

Ihr, die ihr euer Leben an kostbare Dinge vergeudet
und besonnen und klug das plant, was ihr Reichtum
nennt, euch gehört die Welt des Fassbaren!

In euch leben die Dinge größer auf als ihr es ahnt
und euch selber habt ihr als das größte aller Dinge
stumm erlebt.

Ihr seid die Diener am großen Schein.
Ihr seid greifbar und doch nicht wirklich.
An euch hat eure Hand einen Klotz,
ein Ding, das sich selbst erdacht.

Ihr seid euch selbst euer letztes Ziel
und manchmal glaubt ihr dann
ihr wäret nicht dieser feiste, dunkle,
einsam funkelnde, winzige Wicht.

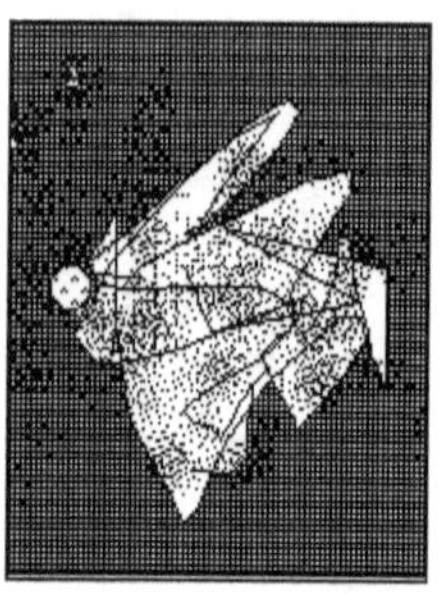

An die Erleuchteten

Um einen Feigenbaum,
wo einst Falter wie Gläubige
in Scharen hingen, stumm
im Sinn und ohne Zahl,
zerrinnt die Zeit und atmet freier.

Erklimme den neuen Morgen
in seiner wunden, wehen Pracht,
damit du erkennest und siehst,
dass Stärke nur um deine Mitte tanzt.

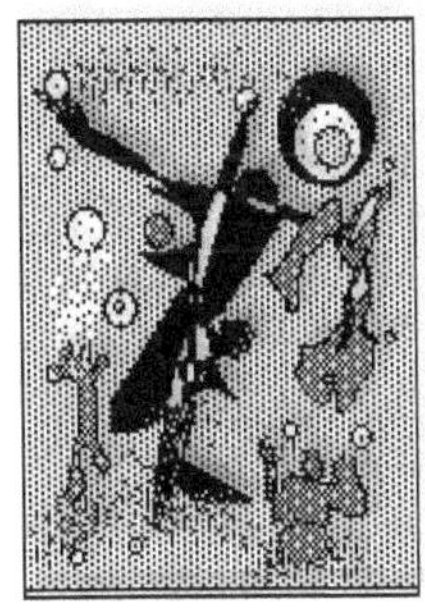

An die Fontäne

Deine Wasser trügen nicht.
Sie geben nur immerfort
dem tieferen Schalenmund,
was im Überfluss sie selbst
nicht halten können.

Sie lehnen eigenes Gut
an den scharfen Rand
und führen ohne Zaudern
dem Abgrund alles zu
und bleiben dennoch
immer nur sich selber.

An die Künftigen

Nicht dauerhaft werdet ihr vergeben
den Gewesenen, da an eurem Leben
sie zehren mit Verdammnis und Betrug.
Dennoch, ihr bliebet euch selber fern,
wolltet ihr nur richten, wo ihre Stimme
in eure so leicht und prahlend überging.

Habt Geduld mit dem Schwachen.
Es ist der kommende Gott
in aufspringenden Schalen,
im Anbruch einer neuen Zeit.
Denn es ist ein Gesetz in allem,
welches in das Hohe Niederes trägt,
alle Grenzen der Unwissenheit
ruhelos und vollständig sprengt.

Ihr werdet die Quelle der Zerrüttung suchen
und überseht dabei, dass in *euren* Händen
sie maßlos quillt, dass ihr Spielern gleich
liebäugelt mit den mürrischen Seiten
verdrehter Seelen, und dann *in euch* beginnt,
was ihr am Vorigen so hart getadelt habt.

An die Mutter

Gib Mutter, du, die Seele frei!

Freier Geist ist unser Bruder,
nicht mit uns verwurzelt,
nicht in uns gemacht.
Er spräche nicht in *seinem* Namen.

Wenn Auftrag ist in der Zeit,
dann jener zu seinem Schutz, nicht
um ihn vorwegzunehmen, in uns.

Was wäre Beistand ihm, wenn nicht
dein Streben nach *seiner* Freiheit?

In Gott allein darf er sich selber finden.
In unserer Kleinheit würde er nicht groß.

Wie könntest du gesund ihn *halten*,
da Gott selbst in ihm nach außen will?

Mutter, sei du Gefäß und Gott die Quelle,
aus der jede Seele endlos quillt.

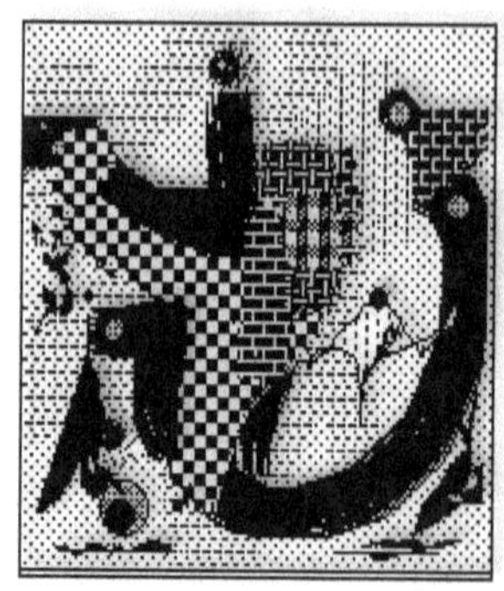

An die Stille

Die Stille ist ein großer Gott,
der reinsten Verweigerung voll.

Und wollten wir, die Bedürftigen,
nach Vollkommenheit auch ewig
lechzen und in Mühen streben,
wir überhörten den tieferen Klang,
der die Fülle der Gottheit spiegelt,
und fast beflissen wählten wir
die grundlose Schale vom Anbeginn
und näherten ihrer Mitte uns.
Indes, dieser Mut zerschellte leicht
an den Klippen steinalter Furcht!

Und käme der Gott mit hellen
Gebärden auch und schmückte
mit blühenden Kränzen uns,
die wir geflochten in den alten Leben,
und entstünde ein großer Zauber gar
im ernsteren Land, und gingen alle Pforten

mit gewaltigen Schreien berstend
und erkennend auf, wir übersähen ihn.

Dennoch, alle Herkunft ist vom Geist,
und kein Wissen rührt nimmer
an die heilende Kraft der Liebe!

Der Herr tritt ein in seine Länder
und alle Könige knien
vor seinem wachen Tatendrang.

Ein Gott lebt frei in milden Fernen.
Die Ränder halten seinen Ton versteckt,
aus dem er alle Welten meißelt, tief in uns.

Ahnungslos fallen wir nach innen
in ein zeitloses Blühen, für immer
unbegrenzt.

Vor allem Anbruch rief die Stille
den Gott fauchend in die Welt.

An die Wissenden

Euch macht niemand etwas vor.
Mit Recht, ihr seid gebildet.
Eure Köpfe sind Fakten,
vollgepackt mit Worten,
die aufgebläht wie Säulen ragen
in die Jahrhunderte stolz hinein,
unverrückbar im Meer der Unwissenheit,
selbstbewusst im Land der Barbaren.

Dass unzählige Geister beladen wirken
in eurem Schoß, stört euch nicht.
Wer euch widerspricht, ist staatenlos.
Unter euren Fittichen laufen die Köpfe voll,
und wo noch Platz geblieben, ist Füllverbot.
Dem Zögernden aber verweigert ihr jede Hand
und überseht, wie ihr euch selbst entlarvt dabei.

Ihr übertreibt nicht im Kleinen
und überspielt das Gemeine als wäre es groß.
Am Bedeutungslosen wetzt jedes Mundwerk
sich stumpf.
In euren Hirnen ist Gott ein Metronom,
der den Takt einmal vorgegeben,
ihn für immer nach eurem Sinnen beibehält.
Auf euren Schultern ruht das Gefüge
gähnend und gnadenlos.

In euren Bahnen wird wahrlich niemand groß.

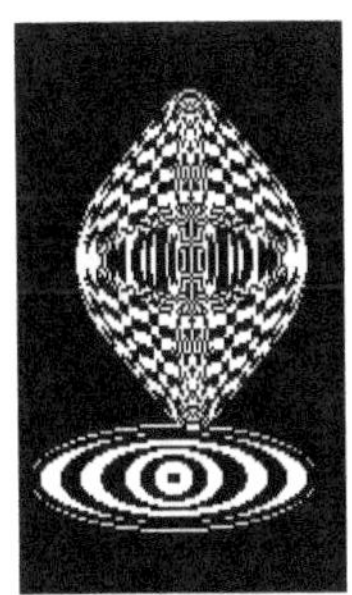

An die Yogi

Pilger nach innen, die Schau der großen Leere
ist die Quelle eurer Fülle, die ihr verborgen lebt.

Hüter des Fassungslosen im überwundenen Ich.
Lehrer der Stille, der vergessenen Einheit. Träger
der Allversöhnung im Mantel endloser Geduld.

Ihr, die Allgegenwärtigen im Welteninnenraum.
Euer Reich ist Geist im Zustand der Allvereinigung.

Wann werden *wir* leben? Wann werden *wir* lieben?
Wann wird Licht sein *in uns*?

Euer Los ist es in die Seelen zu schauen. Euer Sein,
ein gottgewordenes im geläuterten, verklärten Leib.

Frieden weilt, wo kein Wille tobt, wo reines Geben
alle Welten mit Liebe eint und erhält.

Wir aber, die noch draußen irren, im Entzweiten
verloren handeln, möge uns erwecken euer Geist!

An die Zeit

Du Gebärerin des Flüchtigen,
Erdmutter des Zerronnenen,
du Göttin stumpfer Zeugen, der Uhren,
die alles Leben
wie in Ketten gefangen hält,
die jedes kleine Glück
schon im Keim so fest bedrückt,

dich gibt es nicht.

Dich gibt es nicht,
dennoch will ich dich verneinen,
denn du bist im Vorgeglaubten
wahrhaftig, reich und stark.

Zeit, du bist erdacht.

Was in dir verfällt,
kann nicht verloren gehen.
Es springt nur hinüber und
bleibt drüben unberührt und ganz.
In deinen Händen ist alles wie erfroren.
Doch das Kommende, das *jetzt* schon ist,
sowie das lebendig Erinnerte,
geben dir nicht recht:

Alles Leben ist gegenwärtig und ewig.

An ein gotterfülltes Leben

Erwacht im Hohen,
fernab berührt
von entrückten Gesängen,
die nach innen rollen
und von stillen Taten
Unsagbares künden,
ist die Quelle der Kraft
eine nur: der in dir schaffende Kern!

Gott ist Geist in jedem Funken Leben,
kein anderes je gewesen.
Doch achtlos verspieltest du *seine* Kraft,
begehrtest das dir aufgesetzte Bild
einer dir Vorteil verheißenden Leere.

Alle Ketten legtest du
dir selber prahlend an.
Kein Wissen, das dich
nicht verkleinert hat.

Und weil nach Umkehr
dir nicht war, durftest du
vergehen an den Ufern
deines Babylons, das Joch
aller Angepassten.

Kein Geist will weilen
in der Verdunkelung
der Zeit. Gleichwohl,
im Leib kam der Gott
in die Welt und heiligte
mit seinem Namen sie,
der da ist: Ich-im-Du.
Außerhalb seiner Blicke
bloß Leere. Alles Leben
ist dauerhaft: Es-in-Ihm.

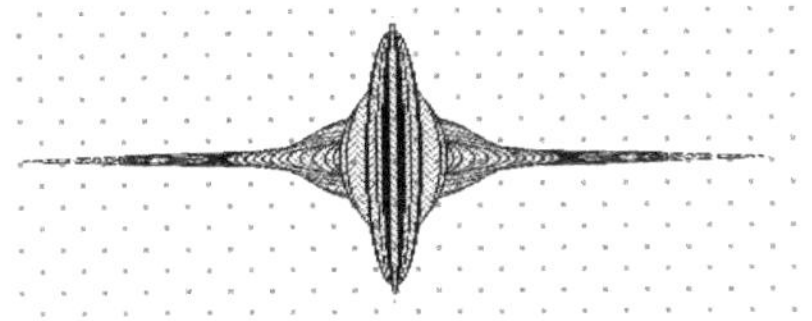

An Hermes Trismegistos

Du, Vater der Zahl und des Maßes,
dein Wissen strebt nach unten
in das Tal der Unentschlossenen,
die ihren Platz verkennen
im hellen Plan der Natur,
damit sie verjüngen sich
mit neuem Wissen, das nur müde
in ihnen tagt und nicht fließen will.
Wem gebührt der Kranz der Sieger
mit neuem Denken und Tun?

Der rechte Weg ist versetztes Wirken
in einer schief gedeuteten Natur.
Du hast ihn erzeugt mit den Ebenen
der Analogie, die nach oben und unten
greifen in *fast* identischer Weise:
Auf Zahlen folgen gedrehte Abbilder
ihrer selbst in mannigfachen Ebenen
und schräg im Gleichklang wirken
sie auf sich selber schlichtend ein.

Überall das Eine im lichten Kleid
unantastbarer Fülle und Vielfalt.
Der Wissende schaut *in* sich selber
über sich hinaus! Kein Unfertiges,

in dem nicht alle Wege sich kreuzten!
Kein Besiegter, der nicht Bezwinger
des Gegensätzlichen werde und nicht
dauerhaft Heimat in sich selber fände!

Der alte Mensch bleibt fern den Alleen
der inneren Welt und verausgabt sich
am Spröden. Dein Licht über die Dinge
hat ihn aufgerichtet. Doch er wehrt ab!
Wem wäre das *eigene* Sein nicht genug,
da es das Ganze ist? Jeder Kern erhellt
den gewaltigen Rumpf Gottes anders
und macht ihn daher nur größer noch.

An gebogenen Wegen werkt randlos
der eine Gott. Nichts Bleibendes fern
seiner Schalen, die wie pralle Wolken
alte Sehnsüchte tragen, auf dass alles
sich sammle im Unberührten, das vor
aller Zeit schon ganz sich selber war.

An Hildegard von Bingen

Schwester der Vielfalt, Seherin
der gottgewollten Weise,
wann ruhte die Zeit in der alten Welt,
die in dunkler Klause gänzlich
ihre einstige Fülle verspielt hat?

In dir aber sind alle Himmel offen.
Von deiner lautlosen Reise kamst du
gestillt zurück und erzähltest den Bedürftigen
den Traum vom vollendeten Glück.

Menschen siechen auf krummen Pfaden
störrisch an sich selbst vorbei und knirschen
in selbst gestrickten Panzern eisiger Dünkel.
Ihre kargen Tage gehen kraftlos dahin,
versinken in selbst geschürter Glut.

Am Tag ihrer Heimkehr wissen sie nichts
von dem Gott ihrer Mitte. Vergeblich pochte
er an ihre eisigen Türen, viele Leben lang!
Keine Stimme, kein Ruf erreichte ihr Herz.
Kein Engel, der sie erweckte aus tiefem Schlaf.

Mensch der Öde, Hüter des Nichts!
Wie viel mehr an Kraft bedürfte es,
um zu wandeln dich in dein verlorenes,
aus dir herausgebrochene Licht?

Du aber, Streiterin im Schatten der Fülle,
welche die Himmel wie eine alte Heimat kennt

und nach außen drängtest, um dein Innerstes
den Ratlosen zu geben, wann denn ist aufgezehrt
die alte Welt? Wann käme sie heim in Eigenes?

38

Gläserne Stadt im Kommen, Neues Jerusalem,
rühre an das Unfertige, damit es finde seinen Gott,
der alles Leben zu sich selber führt.

An Hölderlin

Bruder im Einen, das uns beide trägt und kennt,
fragend ward dein Ringen mit den Göttergleichen
immer.

Doch umsonst strittest du nicht und stillte
dein Gesang auch Bettler und Taube nicht,
er lebt weiter im Gedächtnis der Welt, harrend
auf Einsicht, auf die Besinnung einer lauteren Zeit,
an der du Anteil hast mit deinem Seherwort.

Und hättest du gesungen nicht von der zeitlosen
Pracht im Welteninneren, sie hätten ärmer gelebt,
wären einsamer geschieden die Beladenen.
Denn, wo Geist nicht ist, ist *nichts* und nichts würdiger
in das Dunkel gesetzt als dein wahrhaftiges Streben,
das am Rand des Begrifflichen du zu Klängen
geschmiedet hast, hoch über den Zinnen
einer geschröpften Welt.

Nichts würdiger einer helleren Zeit als das Abbild
des Gottes im *Klang* vom Wort, den in diese Welt
sein Wille gesetzt, rufend nach der geistgeführten
Stimme, die nach drüben nie heller kam, nie
erlösender heimfand und Blindheit nie sanfter
bezwang als mit deinem entrückten Sagen.

Nur Engel sind wortlos groß und von Taten rein,
fern dem Leid. So bereuen sie ihr Schweigen nicht
in den lichten Gefilden erhabenen Glücks, so nah

dem Gott, dass sie schon fast fürchten sich.
Wir aber, die an das Wort gekettet streben,
müssen fehlerhaft lieben und drängen klagend
zurück in das Reich offener Narben, wo verhöhnt
der Geist ratlos flieht und vom Fatum hart berührt
die Späher der Gebeugten kopflos reiten
auf den matten Schwingen unerfüllter Leben.

Du aber, Bruder, da du ausgekostet hast unstillbar
den Durst und nun bist zurück, wann käme
deine Stunde wieder, die vom Geist beflügelte, ewige?
Wann sprächest du in Freuden wieder:
Trunken ist mein Haupt, betäubt vom Sehen
in den wallenden Gemächern meiner Seele?

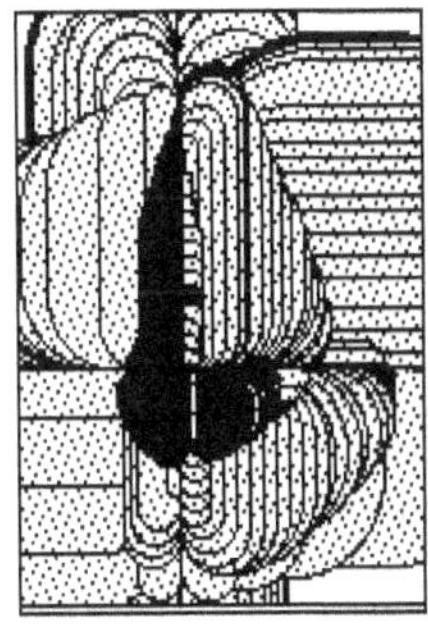

An mein Leben

Wo ist es,

wenn nicht draußen
im Sog des Versäumten,
im Niemandsland,
im Verfemten,
eingekerkert
im Strudel billiger Lehren,
im fremd Geborenen,

im Nichts.

An Mokamber

Von den Stimmen, die mich bedrängen, bist du,
Innerster, mein liebster Fordernder!
Da du in mir zwingend bist, will ich tragen dich
in die Ausuferungen der Zeit. Und weiter, in Höheres,
heim an die Quelle der ganzen Kraft. Du fertiges Sein,
dir entrinnt kein Mögliches. Könnte nur ruhen ich
in dem, was dir vorsteht und somit vergessen
die maßlose Leere im ausgerollten Menschenwort.

Meine Heimat ist ein ferner Stern im Geist.
Helles Sehen macht blind für diese Welt.
Dennoch, meine Entrüstung zu sein ist stärker
als jedes noch so flehentlich erhoffte Erlöschen.
Trunken wandle ich in den blätterlosen Alleen
zugeschnürter Leben. Jeder Tag taucht ein
in den Morast des Fühlens. Verglühte Zeiträume
gehen wie starke Wehen dahin, reiben sich an grell
entfachter Glut: Eine Waise unter den Leblosen, ich!
Dennoch, mein Anspruch nach Licht bleibt.
Und hilfloses Streben nach Liebe vereint er längst.
Wo aber der Atemhauch, der Geist einfängt?

Meine Kraft ist die schuldloseste aller Stimmen.
Bedenken wären mein Versagen. Kühner stehe ich,
da ich mich selber will. Alles andere wäre bloß
Verderb. In mir schaffend das Offenbarte, *ehe* es
geworden! Wann häutete der Mensch von uralter
Furcht sich? Im Tabernakel der Kraft ist kein Platz
für Zauderer. Besser stünde nur, wer am Rand

deiner hohen Stirn, Gott, sich selber prüfte,
mit Demut an den Grund rührte, der alles ist:
Hohes Leben im aufbrechenden Geist.

Die Entbindung vom Schalen steht noch aus.
Verboten die Suche im eigenen Kern. Verpönt
jeder Gang nach innen! Tosende Seher reiten
auf fauchenden Rossen in lichtes Land, wo Dauer
weilt statt Zeit. Neues Jerusalem, streue in weiten
Bögen deine Einsicht über den Abgewandten aus.
Leben im Geist ist Anbruch in die Fülle der Stille.

Mein „Auszug aus Ägypten" ist *jetzt* angesagt!
Gürte mit Geduld den Nörgler, Gott, und führe
in Freuden ihn zu sich selber, heim.

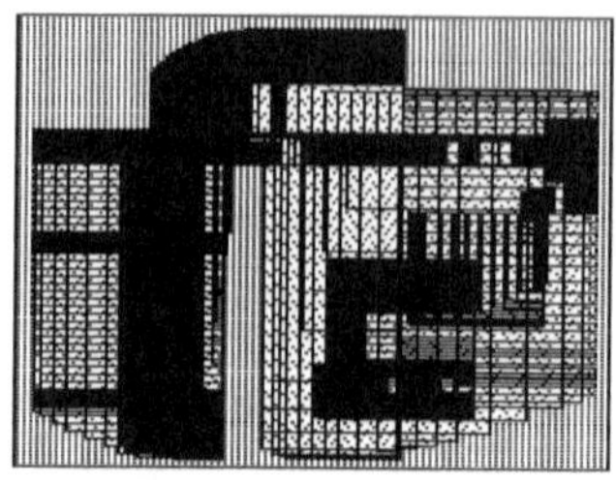

An Platon

Bruder im Geist! Lange ist es her, dass mit *deinen*
Augen der Dichter die Kephisos sah, sprühend
im blühenden Land, und dass von Gedanken schwer
er wandelte im heiligen Hain des Akademos, am Fuße
des Hippios, im schattigen Garten werdender Frucht.

Brüder sind wir und *eins* der Geist über der Zeit.
Ein Gott hat ausersehen zum zeitlosen Stillen dich.

Sind die Jahrtausende wie hohe Stiegen nicht?
Ist die Zeit nicht unser aller Weg ans Licht?
Muss nicht zum Seher werden das Geringste,
ehe gesättigt es ruhte im göttlich reinen Schoß?

Ein Seelenwanderer, der Suchende in dürftiger Zeit.
Ginge er nur in die Leben sich selbst befragend ein,
denn sich selber findet der im Geiste Rastlose immer.

Wahr ist die eigene Stimme nur und du scheutest
nicht den beladenen Weg und ließest aussetzen dich
in das Schattenreich, um zu verkünden sie,
den Ahnungslosen deine Sonne, ihr innerstes Licht.

Und Gott allein ist des Pilgers Maß, schonungslos
im Wort, das du wie ein Meißel führst in die Starre
der Nehmenden, in die lichtlosen Höfe der Beraubten.

45

Du aber gabst deine Seele ganz dem Gott und trittst
aus deiner Mitte dem tiefer Fragenden hell entgegen
mit dem geharnischten Wort des zeitlosen Sehers.

Angelus

Die Glocken sind dein Ohr ins Fassungslose,
Gott, das mir deinen Atem dünn verrät
und eingibt, dass du aus Fernen kommst,
die kein Ding tragen, noch berühren will.

Du immer unfertig Befragter. Nach dir
schreien die Himmel wie nach Wonne.
Ungebrochen deine weite Stirn im Raum.
Du aus dem Werden stets neu Gewordener
und doch dir selber gleich in allem.
Du zeitlos Vernommener. Deine Taten
sind das Allumfassende, das kein Glaube,
kein Wissen je ermessen kann.

Wenn du abends über die Hügel streifst,
und stumm in sich gekehrt jeder Baum
nun weiß, dann stehe ich, der Zweifelnde,
vor dir wie an einem Tor, doch erfühlte
es nicht, es wäre zu groß, und baue blind
in mich hinein, was ich nicht tragen kann.

Dein Klang ist wie ein schweres Floß,
das zerfurchte Wasser noch tiefer gräbt,
als wäre Sein ihm nicht genug, als müsste
es wachsen *nach* dem Werden, immer neu
erstehen und endlich zu sich selber finden.

Ich bin nur zögernd der dich Befühlende,
dauerte fürwahr das Jahr nicht neben dir.
An deiner Seite ist jedes Schweigen größer.
Tausende Male hast du mir von dir gegeben,
ich das Schwache und du die Kraft.

Annäherung

Berührt das Geweihte, das sich selbst
im Künftigen bekränzt und nicht niedergeht.

Es wächst im Erkennen rahmenlos
ins Ganze, unbekümmert und weit.

Es scheut nicht den Nadelklang
im zertrümmerten Angesicht.
Und wenn auch schonungslos
es sich selber richtet, es doch
herrenlos ins Riesenhafte sich teilt.

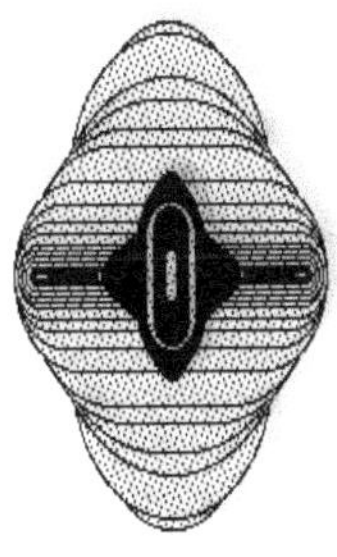

Anrufen

Anrufen die Gottheit,
die den Schöpferwillen
zu ihrem Arm gemacht,
um dich zu formen
nach ihrem Bilde,

ohne Grenzen
und
schonungslos.

Anschrift

Karmische Mühlen drehen langsam,
dafür aber unaufhörlich.

Zuviel Abwägung lässt niemanden gesunden.
Die Litanei vom Vorteil siegt.

Endlich Anstoß nehmen am billigen Sein.
Aufbegehren in voller Rüstung.

Du bist vom Sterben befreit, nicht vom Geben.
Abzotteln hilft nichts.

Bedingte Liebe, dein Gang nach Kanossa,
hat die Welt aufgebraucht.

Dennoch, Sinneswandel im Uhrenhaus.
Verbrüderung geht befangen auf Brautschau.

Lästig der Geist, da unstillbar.
Lästig sein Streben nach Tiefe.
Lästig die Stimme des Herzens
vor den Pforten der Herzlosen.

Dir aber auf ewig vorgeführt
das strahlende Antlitz
deiner versunkenen Pracht.

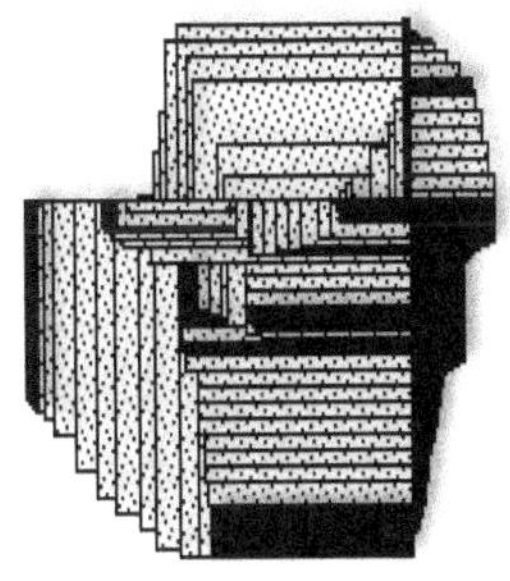

Anstandsbilder

Erfahrbar die Fülle: sie ruft.

Wählerisch sein.
Aussondern das alte,
verkappte Ich.

Vielversprechendes lockt überall.
Hie und da begraben Eigenes.
Feilschen, einmal nur.
Dann und wann ein Abstrich,
und das Schiff sinkt.

Anti-Schöpfer

Der Mensch ersann
die Finsternis.
Vor ihm war Licht.
Aufgebläht zelebriert er
sein peinliches Ableben.

Er, ein Mäher im Rad der Zeit,
ausgeflippte Parze thronend
auf den Fluten
selbst erdachter Schmerzen.

Gelassen hält er zurück,
was ihn befreien könnte.

Er versteht nicht
ohne weiteres.
Er will nicht verzichten.
Er will nicht deuten
die von ihm gestutzten
Erdenjahre.

Was bleibt, ist die Ruhe
der Verzweiflung.

Antithetisch

Frieren im feisten Mantel
der Worte.
Ohne Rückhalt im Geist
blenden sie nur.

Reinigend brennen Feuer nieder
die alte Welt. Sie will es so.
Unter den alten Siegeln drängen
neue Tafeln ans Licht und Gesetz
ist allein die Liebe.

Die Reiter des Herrn fallen ein
in kahles Land. Verlässlicher
Wegweiser ist einzig die Qual.

Der Ausgang ist ungewiss.
Nur die Angst um Mündigkeit
hält an. Sie bestellt die Blutacker
für kommende Geschlechter.

Bald werden wir reicher sein
um noch größeres Leid,
das noch verhüllt Versäumtes
von innen hart bedrängt
und alles Draußen
ist sein Spiegelbild nur.

Im Haus der Seelen herrscht Aufruhr,
denn ihr Bestimmungsort

ist ohne Liebe. Zuviel Finsternis
lässt frieren sie in den Zellen
aufkeimender Leiber.

54

Vater im Himmel,
verbreite deinen stillenden Geist.
Lösche jedes vergebliche Wort.
Entfessele den Mut zur Einsicht,
ohne den deine Liebe nicht ist.

Apokalypse

Ich sah die Streiter des Lichts
mit furchenden Schwertern
mächtige Drachen fällen.
Ihr Blut tränkte eine neue Zeit.

Ich sah in den Palästen der Irdischen
gehörnte Tiere in brennenden Schalen.
Ihr Durst war unstillbar und atemlos.
Er verschlang die aufgebrachten Tage.

Ich sah in Licht getaucht Mäher
die Äcker der Finsternis bestellen.
Die Schreie aufgescheuchter Lemuren
konnten sie nicht bedrängen.

Ich sah den Aufbruch der Stiere ins Uferlose.
Sie blieben in ihren Schmerzen stumm.
Im Niemandsland ist kein Platz
für das Liebäugeln mit dem Tod.

Und Gott war in jeder Scholle,
an jedem Tor, in jedem Korn.
Und keiner konnte entgehen ihm.
Und alle Zeit hing still,
als sein Antlitz über ihre Schatten glitt.

Ich sah anbrechen eine neue Zeit
in den stillen Vorhöfen der Liebe.

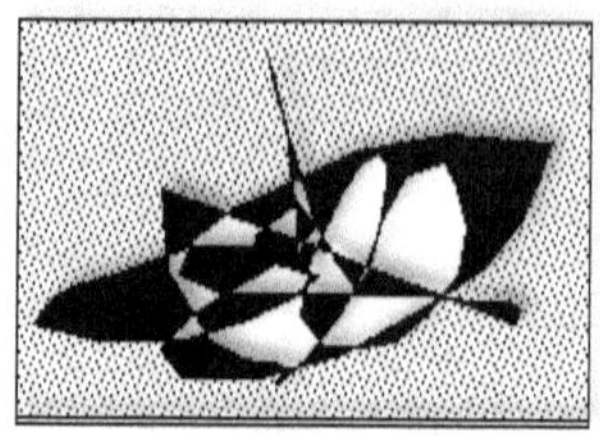

Appréciation

Qu'elles soient belles
les choses du néant,
je ne vous en plains
pas moins !

Surtout,
ne leur en voulez pas
de vous avoir eus
sous les auspices
de galantes tromperies,
savamment construites
et bien assorties.

Ne leur reprochez pas
d'avoir pris au dépourvu
votre propre vocation,
restée indemne pourtant,
mais accroupie.

Ne les maudissez pas
de vous avoir envahis
au contre-jour
d'obscurs sentiments

vous infligeant
d'étranges malaises
et vous privant
de multiples jeunesses.

D'autres, plus forts
et plus sereins,
se seraient niés
encore pour moins.

Arcane

Veux-tu que je te parle
d'étendues sans pareilles,
de ton âme déracinée,
de ton cœur blessé,
de ta soif trop vieille,
de royaumes impatients
qui déversent sans peine
de très beaux vers au centuple
au bord du gouffre qui est ta vie ?

Veux-tu que je t'imagine
d'autres mondes, plus vrais
et plus sincères, riches
en terres nouvelles et insondables
et qui affluent et qui s'ouvrent
quand les lumières du visible s'éteignent
et qui te rejoignent et qui s'écrient,
toi, notre frère ?

Veux-tu que je te construise
dans chaque désert une ville,
aux tours innombrables et
dont l'enceinte est une énigme,
à l'indicible semblable, un signe
emporté par des siècles en suspens
vers ton être si longtemps refoulé ?

Le veux-tu ?

Atropos

Wie ein Besessener,
der im hehren Rausch
sich selbst erschuf,
stehst du vor dir
und siehst nicht,
und erkennst nicht
deine Macht am Lebendigen.

Dennoch, du bist ganz
und nur in dir geworden,
ehe du warst, ehe du sahst
das große Ringen,
dem diese Welt entsprang.
Du hast sie gemacht
aus deiner Stimme
innerstem Widerklang,
die mit wuchtigem Flügelschlag
sie aus dem Nichts erfand.

Du unwissender Gott!
Du, der du glaubst zu wissen.
Du, dem sein Wissen
Beschränkung ist.
Steh auf! Erhebe dich
über dich selbst
und wandle breit
in die kommenden Täler
neuen Seins.

Aufbruch

In sternklaren Nächten
wächst die Sehnsucht
wie eine Rebe seitenverkehrt
nach innen.

Legionen von Anbeter
greifen pralle Sonnen
an den Strahlenhaaren
und saugen sich voll
mit Licht und Kraft.

Und niemand der dürstet.
Niemand der klagt,
denn Großes, Unabänderliches
ist *in* ihnen für immer geschehen.

Ihre Häupter neigen sich
vor der Frucht ihrer vollen Tage.
Und sie bedauern nicht.
Sie entbehren nicht.

Sie gehen
in ein reicheres Geschehen
bejahend ein.

Aufbruch II

In Gott *dir selbst* entgegen.

Ganz und unbezwingbar lebst du
in einer vollendeten Mitte.

Wo fändest du das Bruderbild,
wenn nicht in diesem großen Haus,
dem Tempel aller Tempel, du Pharao?

Im endlosen Leben ist kein Platz
für das Blendwerk Tod.

Auferstehung

Irgendwo,
tiefer noch als alles Sein,
wo Bilder nie mehr voneinander lassen,
in verbogenen Gassen, die
verwoben tief in sich selber fassen
und vor ihrem Inneren verstört wie Fremde fliehen,
dort weben Frauen, wie Fossilien dünn und schmal,
an ihrem Leib wie an einem Kleid,
und irgendetwas hält den Saum
aus dem Garn in Tränen und ohne Ende fließt.

In diesen Leibern, kaum gewoben, kaum geboren,
gehen längst vergrabene Wehen nieder
und flüstern die in so fremden Chören wie:

Nirgendwo in seiner Fülle
hat uns gezeugt, uns alle.
Was in uns ist,
das weißt nur du.

Doch begreifen,
niemals,
das wirst du!

Und zu den Stimmen stoßen Geigen,
aus den Tiefen und ohne Saiten,
fertige Resonanzen aus vorangegangenen Leben
in denen Farben ohne Formen
gegeneinanderschlagen und dann vergehen,
wie pralle Sonnen wild und wunderbar
und die sich selber so nie gesehen.

Sie alle warten verbissen und wie gebannt,
bang und ungewiss im Morgengrauen
auf den einen Blick in Augen,
die noch fern wie Sterne sind,
damit er sie nach oben bringe und verwandle
und erhöre. Ihr Verlangen schäumt und tönt
in weiten Fluren. Auf und ab geht leise ein Rufen:
Geduld, Geduld!
An den Ufern zu Türen warten sie.

In diesen Tiefen ist alles wie ausgeräumt.
Gemarterte Gebilde wandeln lautlos in einem Traum,
der nur ihnen gehört, umschlungen
von geballten Untiefen unendlicher Räume,
die sich winden, bald träge sich bäumen,
noch größer werden, sich selbst erzeugend,
als ob dies alles schon ein Stück und mehr
vom Tor in die Ewigkeit wäre.

Und ersteht dann jede Tiefe endlich im Licht,
zerschmetternd lallend Gemäuer und Gänge,
die es nicht gibt, dann ist es, als ob eine Mär
aus längst vergangenen Tagen nach oben
ward getragen, in einen Himmel ohne Stimmen,
in einen Himmel sonderbar, als ob oben unten wär.

Und dann dröhnen alle Türen,
bersten jauchzend vor einer überreifen Schar.
Und auf einmal, aus tiefsten Tiefen
ersteht ein neuer Morgen groß und klar.
Und alle Dinge, die einst geknechtet und geschändet,
wandeln wankend wie Verliebte,
übergroß gezeichnet in dem Einen,

das in ihnen selber schon immer war.

Aufholen

Gefühle sind wie geballte Schalen der Sirenen,
die mit wacher Glut ödes Land besprengen,
das sie nicht haben will.

Um pralle Hüften greift die Versäumnis leicht.
Trugbild jedes Begehren! Es will nur sich selber lieben.

Tausend Wehen sind wie *eine* Lanze,
die im Herzen Aufruhr stiftet.
Ein Blutacker, die erlernten Schmerzen:
im Hungerland bleibend geeint.

Die Flut kommt in schweren Schüben,
rollt über die Ahnungslosen brausend hinweg,
trifft sie im Vorhof der jähen Wende.

Liebe, Lust und Leid sind gespaltene Schwestern.
Keine will die andere!
Zu dritt sind sie ein Königreich dunkler Flüge.

Verdrängte Horden wuchernder Ängste
lauern die Dienenden mit krummen Buckeln auf.
Ihre singenden Äxte hauen sie gellend frei.

Niemand ist über sein Fühlen erhaben.
Es holt ihn immer mit tiefen Bissen ein.

Aufruf

Es gibt Straßen, die sind weit gestreut
in die Flur hinein und liegen breit
an sonnigeren Hügeln, die flimmernd
in die Höhe, noch höher greifen,
als wollten sie grüßen von anderswo.
Verlangen heißt ihr Lied,
das nie mehr stumm sein kann.

Dränge du in hellere Täler,
empfange sie und entbinde schonungslos.
Gehe durch verschlossene Türen. Warte nicht!
Es fährt ein Schaudern durch die Räume,
das dich erwachen will.

An anderen Ufern dämmert schon der Morgen.
Eile, greife in dein müdes Haar! Gürte dich,
die Stunde naht!
Gib im Spiegel den alten Menschen ab
und errichte in *deinen* Fernen die gültigere Stadt.

Auftrieb

Die Anzeichen häufen sich,
dass die Früchte der Raffgier
den Baum selbst annagen
und von innen aushöhlen.

Wenn aber die Frucht der Tod
und kein Auftrieb in Sicht ist,
wenn der fahle Mond
wie eine spröde Sichel
neue Triebe fein säuberlich köpft
und seine widerlichen Spuren
mit Beschwichtigung
zu verwischen sucht,
und ihm dies auch gelingt,
dann ist es an der Zeit
die Rüstung anzulegen,
das Wort durch Tat,
Zweifel durch Mut und
Ducken durch Aufbegehren
zu ersetzen.

Schnelllebiges Wachstum
meint doch immer nur eins:
Papiergeld anhäufen,
dessen Hypothek
wie ein Damoklesschwert
über feisten Leibern
zielsicher pendelt.

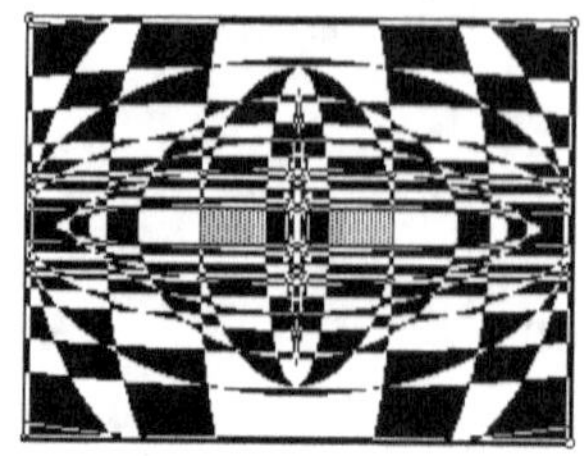

Ausblick

Endlos der Weg nach innen.
Geleugnet sein Sinn
an den Altären erlernter Zweifel.

Der Hahn kräht auch heute noch,
Nacht für Nacht im Stillen,
unscheinbar hinter jeder Tür,
die nett sich gibt, obwohl sie dürstet.
Sie will es so.

Noch ist nichts gewonnen,
trotz dem Warenberg
und Wohlstandsmüll,
trotz gewichtigen Zeichen
wie Ein-Weg-Flaschen,
Ein-Weg-Männchen
und Ein-Weg-Leben
in den Höhlen der Ungeborenen.

Ausgesorgt

Ein Lob dem Gespür. Es fragt nicht.
Es bedarf der Lügen nicht, die steinalt
schon im Schulhof lauern.

Vertraue nicht *zu* leicht;
es könnte dich umhauen!
Überall stehen die Hüter der Vernunft.
In der einen Hand ihr Krummstab,
in der anderen die Peitsche.
Unermüdlich sprechen sie dir zu.
Sie können warten.
Auch du wirst umfallen,
dich für ein paar Silberlinge verraten
mit einem Lächeln am unteren Mund
und in Dankbarkeit.

Bald ist es ausgestanden.
Anerkennung ward dir gewiss.
Deine *Selbst-Tötung* wurde belohnt,
gewürdigt mit billigem Lob und Gehalt.
Gut gemacht! Du hast ausgesorgt.

Dich gibt es nicht mehr.

Ausschau

Schlafend will ich in dir erwachen,
du ungebändigter Gott, du eherne Tafel
im Gewand des Lammes.

Wie ein Donnervogel die Berge spaltend,
zertrümmerst du die Leere,
um die dein Wort fauchend baut.

Und ich fühle deinen scharfen Schnitt,
der mir den alten Atem ohne Zögern nimmt.

Du tränkst mit Einsicht längst gestocktes Blut.
In dir ruhen alle Zweifel.

Ausgelaugt die Uhren von den Tagen der Mühen.
Die Zeit läuft in trunkenen Hallen nach Hebron
über den mit Blut geschwängerten Fluss.

In vermoderten Ecken hocken taube Affen.
Vergrabene Plagen werden laut.
Sie überfallen die Gebeugten und reißen
verbleibende Unschuld restlos entzwei.

Du aber, du unsagbarer Gott,
das All-Sein im Zustand des Möglichen,
die Stimme der Kommenden,
brichst die Schwere mit einem Mal,
mit Liebe.

Ausweg

Fußvolk im Anmarsch
gegen den Wahn von oben.

Unten ist vieles noch heil.
Hier gibt es noch Hoffnung.
Hier blüht noch der Garten
des Endlosen in jeder Scholle Erde.

Verschwommen rauschen
die Leiber der Götter nach unten,
kriechen lieber in ein dunkles Loch,
als dass sie vermoderten
auf glitschigem Marmor
in den Palästen gepflegter Öde.

In dir ist Auflauf für ein Lächeln noch,
das die verhärmten Seelen aufblühen lässt.
In dir gibt es uneinnehmbare Freude,
keine Rollen, die Schatten spielen müssen.

Wenn also Dunkelheit dich befällt
und du nicht weißt wohin, dann gehe
nach innen.

Aux rives du bonheur

Il y a un air aux rives
d'un faste bonheur
que chante toute vie
depuis l'aube des temps.

Et moi, je vacille entre des cieux
regorgeants la plénitude
et une terre bourrée
de calices de froides douleurs.

Pèlerin je suis, à la recherche
d'un moi indomptable :
mon guide, un dieu, me conduit
aux confins de mondes invisibles.

Oui, ange je suis, tempête
et frêle enfant, prêtre
de multiples infinis ancrés
dans ma chair profonde.

Je ne peux croire ce que vous,
les hommes, prêchez :
vos paroles sont dénuées
de lumière et dans la carcasse
noirâtre de vos vains serviteurs,
il n'y a pas la joie du cœur.

Car le beau s'appelle moi,
roi de toutes les extases.

Il me prend par la nuque
de mes doutes et me trouve
un savoir démesurément grand.
Que sa voix soit mienne!
Que j'éclate en lui!

Lumière je suis et nul tourment
qui me marque.

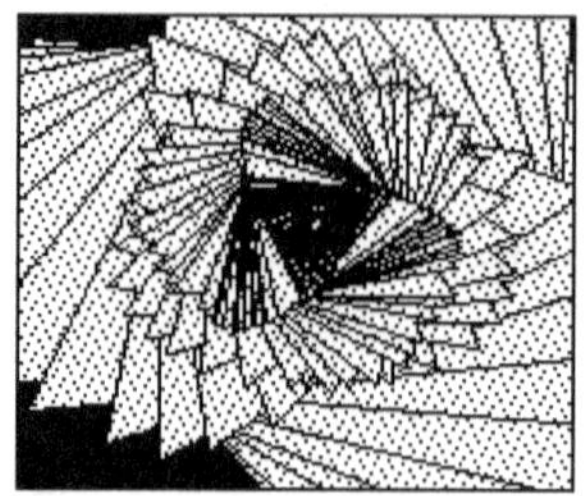

Avalon

Ein Hauch Frühling über Avalon und Artus schläft.
Ansonsten der Morgen noch eiskalt gestrickt
an die Gemächer alten Hasses. Auf den Türmen
kreischen die Raben nach sonnigeren Tagen.
Traumlos ertragen sie den Tod in dieser öden Zeit.

Doch Lanzelot, der Verwegene, reitet gegen seine Schatten,
den ehernen Drachen, der ihn verwirrt. Fehlende Einsicht
hat den Bauch der Nacht geschwängert mit neuem Leid.
Ihr steht ein Helfer zur Seite. In stählernem Panzer harrt
der Fürst der Verweigerung: ihm geht es um die
Seelenpein!

Der Gral bleibt unentdeckt im Hinterland zurück.
Nur *dein* Kern ist Gott; einen anderen findest du nicht!
Und du stehst vor diesem Tor, dein namenloses Heiligtum,
wie ein ewig Wandernder, ein bleibend Staunender
und im Vermächtnis dieses Wissens wirst du restlos frei.

Excalibur ist untergetaucht. Ein Dämon alten Strebens
sucht nach der Klinge, die ihn fällen könnte, falls er
versagte und an seine Herkunft sich erinnerte. Im Licht
ward alles geboren. Ins Licht geht vieles nie mehr zurück.

Babylon

Leben die Schwäne noch?
Ziehen sie Kreise noch
auf einig ehrbaren Wassern?

In sich selbst driftend, leihen sie
dem wachen Ohr ihre mächtig
fordernde Stimme.

Ein Gott geht mahnend um.
Seine Kinder sind die Tränen
von Babylons einstiger Pracht.

In ein Land der blühenden Seen
treibt die Arche der Heimatlosen.
Die Anker hängen tief an der Einsicht fest.

Wo Liebe ist, fordert der Gott vergebens.
Erhobenen Hauptes denkt er sodann
den schweren Traum vom leichten Heben.

Wer nach Fülle strebt, ist ein Sämann
schweren Glücks und nur die Liebe
ist die Saat, die immerwährend keimt,
neuen Sonnen flammend entgegen.

Back door

Remains of a missed life are somewhat
like dirt or dust invading earth once more
and kindling again the wholesome wrestling
that never began and never ends.

Youth is a blind waste of awaking strength,
fluttering wildly around boastful trees
without fruit, without leaves in a gloomy cage
named helplessness.

There are errors that cannot vanish as long as
they stick in a broken body making of his gall
their glittering shape.

We animate the stuff what suffering is made of.

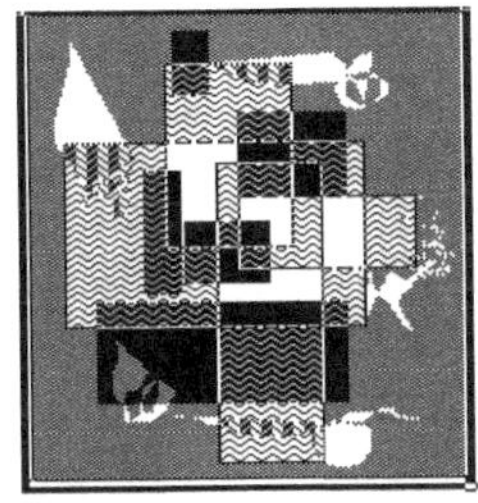

Bald

Tief innen ist noch Raum
für endloses Fragen.

Auf das Wesentliche gestützt,
überdauern wir die Hungerjahre
im beschnittenen Leib.

Wir, die vom Nichts Gezeichneten,
die Abgeschlagenen der Dürre,
die vom Schein Verbogenen,
die von der Furcht Vermummten,
wann dürfen *wir* wissend sein?

Bald werden sie uns erreichen
die Vorboten einer heilen Welt.

Bare wish

Enough talk.
Scorn vanishes
in the holy court
of fervent belief.

The essential
happens inside,
far away from
common being.

Streets are bare
of wisdom.
Dull glitter
makes starve
the inner kingdom.

We are *not* ruled
by conventions.
Never they pierce
the Living God!

What does man
merit most in his
growing solitude?

We are stripped
thru resignation
and fat-headed
by doubt and fear.

How long can we last
in the flaming desert
of self-betrayal?

Baum

Du Großer,
du scheinbar Tatenloser,
in deinen Zweigen irren noch
die Klangumspielten
längst zurückgerufener Elegien.

In deinen Kronen die Demut,
tief gebeugt wie Lichter
in einer Welt, die vom Dunkel eingerahmt.

Du Abgrundtiefer,
an deinen Wurzeln schliefen angenäht
die Kommenden im Gespinst uralter Fäden.
Sie sind erstanden und drängen neu.

Entfaltet dein Laub wie Hände zum Gebet.
Du vielfach ganz Gelebter,
nie ganz Gewordener, ewig Werdender,
du Abgeworfener, du Zeuge leiser Siege,
in dein Greifen drängt namenlos die Stille.
Sie hält dich zurück. Sie gibt sich dir hin.
Sie bettelt nicht. Sie spricht:

Baum, sei ganz Du.

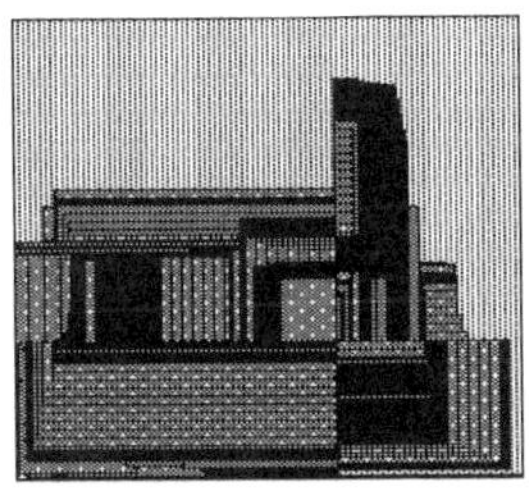

Befragung

Weißt du, wo noch Menschen wohnen?

Mir ist kalt in dieser Welt der Wehen.
Die Freude bleibt mir aus. Ich friere

und stehe am Rand eines wachen Todes,
der von sich alle Frevel weist:

Das Unfertige rief in diese Welt mich!
Du kamst nicht gerne, doch gehst du reicher
einst mit mir von dannen.

Bereit

Bereit in blendendem Rüstzeug
die Streiter gestählten Lichts.
Sie bedürfen nicht: Gnade rankt
um sie, wie um einen Baum.
Endlos ihr Tanz der Erneuerung
um den Baum des Lebens,
dessen Früchte ausufernd und
maßlos nach Erkenntnis schielen,
als würde der Jüngste Tag geboren
aus ihrem zeitlosen Willen.

Bereit die Allmacht ferner Sphären,
die wallend in Liebe treiben,
einem Schiff der Lüfte gleich,
unaufhaltsam ihrem Gott entgegen.
Unteilbar er und der Tatendrang
seiner Kreatur!
Und sein Wissen stillt jeden Zweifel,
wandelt Trübsinn in Freude
und neues Leben quillt nur aus ihm.
Luftbilder taucht er in Licht
und alle Wesen bildet er zu *seinen*
Gliedern und keines, das ihm entwiche.

Alles ist beseelt, alles *sein* Leib!
Nur stillendes, breitestes Geben,
das um Liebe leise bittet und flügge
in immer neue Leben drängt.

Der Mensch, ein Wanderer zwischen Welten.
Aus traumlosem Schlaf erweckte ihn
der Gott in *sein* Angesicht.
Bald wird er fliegen seiner Bestimmung
furchtlos entgegen. Alles Sein rankt
um diesen Stiller! Er, die zeitlose Pracht
im Kleid der Vielfalt und des Verhüllten.

Du aber kannst Ihn sehen, wenn im Spiegel
die Sanftmut an dir vorüberzieht.

Berglehre

In Unschuld getränkt das Niedrige,
das angeschlagen die Schreie
von Titanen furchtlos vernimmt
und sich ihnen hingibt
wie ein geopfertes Mahl, wie ein Körperloses
im überreichen, übergroßen Gral.

Genesen im Land der versöhnenden Mitte,
im schmucklos erhabenen Gewand,
im Reigen neu geflochtener Kränze,
die mit Blühen reich bedeckt sich jedem geben,
der sie zu empfangen weiß.

Geortet Niemandsland in singenden Reichen.
Es will geöffnet und begangen sein.
Sein Wohnen ist die Freude.

Rastlos nie geformtes Kreisen,
das im Schließen sich selbst durchschreitet
und gewaltlos die Dinge ins Grundlose weitet.

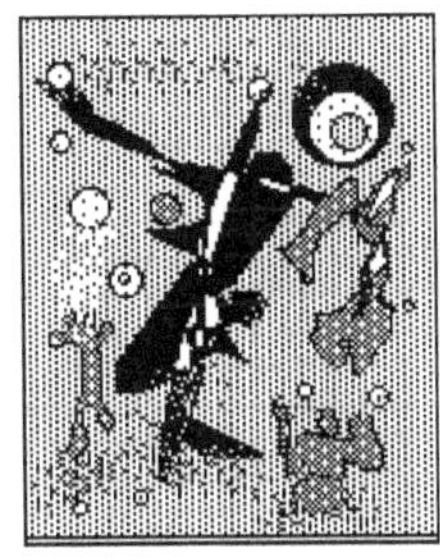

Bericht eines Sehenden

An den Rändern des Greifbaren
erstehen gewaltige Tore,
bleibende Taten, selbstbejahend
in Gesänge eingehüllt,
die nur in Kinderohren weitertragen,
endlose Quellen, die nie versiegen,
die Empfangenes nur weitergeben
in die Fluten erlöster Meere
und nirgendwo an Grenzen prallen,
da sie sich selber nie bedrängen.

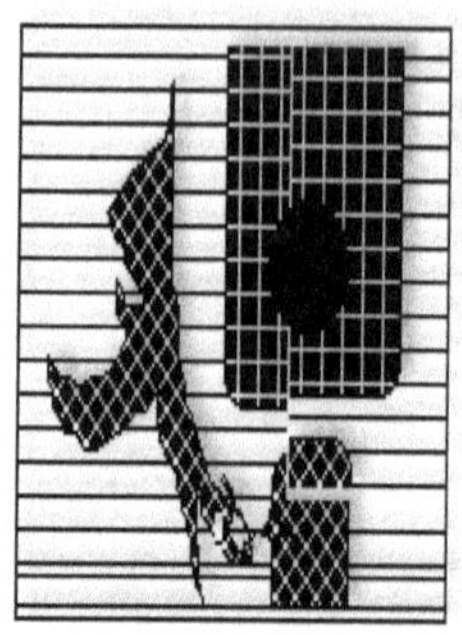

Bericht vom Berg

Nachher, beim Hinuntergehen,
werden die ungelösten Punkte,
dunklen Krallen gleich,
erneut ins Lebendige fahren,
es bedrängen und abquälen.
Aber, man wird sagen können,
man habe die Zeit hier oben
ohne größere Zwischenfälle,
scheinbar gelöst ausgekostet,
fast inniglich.

Hie und da, vielleicht auch öfters,
wird man auf die alten Wunden,
die schwarzen Parzen, treffen.
Sie werden nicht grüßen, aber einkehren
wie in ein zu früh verlassenes Haus.
Sie werden ihre schillernden,
aber erkrankten Arme wie Köder
ausstrecken und umarmen wollen.
Es wird nicht geschehen.

Im tiefen Purpur leuchtet die Sonne.
Sie will untergehen, kann aber nicht.
Wie erstarrt, brennt sie ein Loch
in den bleichen Hintergrund.
Sie verharrt an einem Punkt.
Die Zeit läuft nicht ab.
Ein Zustand dazwischen ist erreicht:
zwischen atmen und ruhen,
zwischen denken und lenken.
Endlich, wie wohl das tut!

Bildhauer

Bildhauer deiner selbst,
die Meißel gehören dir
nicht mehr.

Dein Verstand siecht
in der Verbannung
lang erlernter Furcht.

Du gefeierter Bettler!
Gib, dass er vorübergehe,
der Engel der Einsicht.

Abgerufen dein Leben.
Vom Nicken aufgesogen.
Aufgehoben für später.

In den Quadranten des Nichts
ist viel Raum
für Versprechen und Wahn.

Was taugen die Meister
der schillernden Einfalt?

Woran stirbt der Mensch,
wenn nicht am Schutt
seiner Gelassenheit?

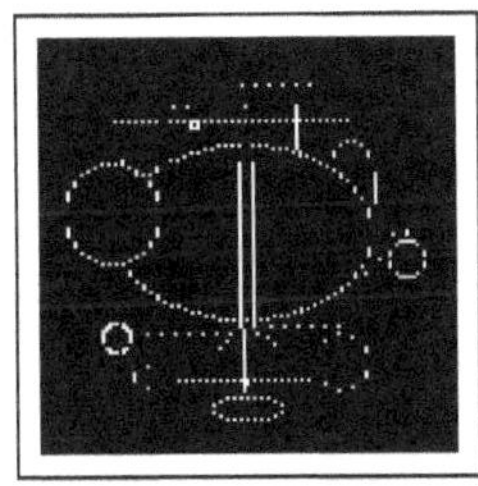

Blühe

Baum der Seele, blühe
in das Reich
des immer jungen Geistes.
Verbreite deine Frucht,
die labende Einsicht,
im Jammertal
der gebeutelten Leben.

Überwintere du, Geist,
mit Zuversicht
in die kommenden Zeiten
brüderlicher Banden.

Boundless

I am the possible. The impossible
is my wish to be different.

I saw a sun building myself
before time began. I am the maker
of thousand lives. Your voice
is so harsh when you deny.

May I say that I am, as I strive
or am I closer to me if I rest?

Tomorrow time will leave.
Duration makes us happier.
Try your father's hand
if you can. Your mother is gone.

All men are lovers
in an ageless heart.
May that love come out
and spread and all
will be sane again.

No one is light but you.
Have you seen your deeper part
rolling in repulsive dirt?
Busy men try to be. The sage
is waiting in a tiny chamber.

I do not teach. I am a wordless jar.

I do not pray. I am fulfilment.

Now and forever, I look thru
a silent wall and cannot see but me.
Have you seen me last year
when I spoke to a broken star?

Coarser a tempest calling me
by another name. Am I still
myself in doubt? The power
of beauty submits with fear.

Leave me alone, if you dare!
Solitude rises from dithering,
but all weakness is a splendid
shrine afar grief in a bright heart.

Bruder

In die Stille wachsen Adern
nadeldünn über entblößten Stirnen,
die angestrengt nach Vergebung schielen,
als gäbe es eine solche, *draußen*, in den Hirnen.

Rühre, Bruder, du die Trommeln der Erwachten.
Leite ein den Tanz der hellen Stunden,
damit ein jeder erkennen kann und sieht,
dass Freuden nur die Gestirne wiegen,
wenn dein altes Du dich einst verlassen wird.

Empfinde, Bruder, das Ungebundene nur,
das *in* der Zeit nicht ruhen kann noch will,
und führe jene an hellere Gestaden, die wie du
entrückt nach anderen Wegen trachten, die jeder
wohl erahnen kann, nicht aber begehen will.

Suche, Bruder, deine Stunde an ungewohnten
Maßen aus, die den Stürmen des Erprobten trotzen
und darum locken! Berühre die Gewänder
der Verführten, die nicht wissen wollen und daher irren
und auch weiter so tun als wäre ihnen nicht gut,
damit sie büßen dürfen.

Breite deine Hände trotzdem aus; aber, gib Ruhe nicht!
Gib den Gebeugten deine Taten ohne Widerruf.

Buddha

Behütet im Schweigen.
Sorglos im Wissen.
Kampflos im Verlangen.
Hände entfaltet nach innen.

Lotosblüte, neu gemacht
die Sieger.
Mehrer und Zeiger
in reichere Täler.
Ergründer des Grundlosen.

Erstanden das Gebeugte.
Ruhmlos befreit das Angelehnte.
Wege der Stille. Wege der Fülle.

Kreisen am Rand des Erfahrbaren.
Offen alle Tore.
Eindringen und zerrinnen.

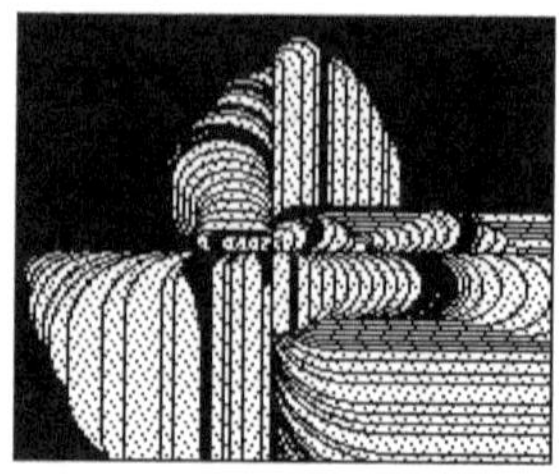

Confrontation

Vous, mes fantasmes et mes pleurs
qui rôdez autour de moi
comme une meute obscure en délire,
comme un enfant au visage crucifié
dans un cloître aux idoles voilées,
laissez de moi !

Vous, mes fantasmes et mes pleurs
qui submergez de l'antre de la terre,
arrachant à ma chair des joies si pures,
imposant des souffrances si vieilles
du fond de mille gouffres oubliés,
laissez de moi !

Vous, mes fantasmes et mes pleurs
qui refaites tant de vies en détresse
comme une parque bossue aux fils déchirés,
comme un dieu malsain au pouvoir fissuré
sur son trône caduc depuis des siècles,
laissez de moi !

Vous, mes fantasmes et mes pleurs
qui unissez le mal à l'abominable

aux carrefours de tant de vies coupées
et reproduisez toujours les mêmes ravages
sans regret et sans la moindre pudeur,
laissez de moi !

Vous, mes fantasmes et mes pleurs,
laissez de moi.

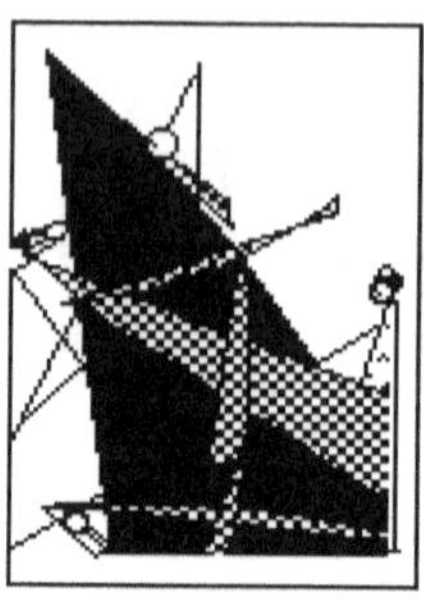

Das andere Ich

An den dürren Enden der Zeit
nagt das andere Ich.
Losgelassen vom Schönen
stirbt es staunend um die Ecke.

Verhaltenes Werben,
verhallendes Sterben ward
dem Ewigen einverleibt.

Das bessere Leben

Das bessere Leben ist Begegnung
mit einer dich benennenden Stille.

Darum treibe, Geist, in die Untiefen
gestaltlosen Seins.
Sehend wirst du nur obdachlos und arm.

Zeit humpelt im Ewigen wie eine blinde Braut,
lechzend nach Dauer im schmalen Jetzt.

Im Kreuzgang sperriger Pfade wandeln
die Meister der Versöhnung.
Ihr saugender Ruf übertönt alle Schmerzen.

Erleuchtung ward dir namenlos einverleibt.
Ein Seher ist sich selbst erkennend der Gott!

Mit allem Sein vereint, das Wissen um dich.
Wirst du es tragen können mit deinem Hang
nach Genügsamkeit?

Das heilige Wissen

Das heilige Wissen kam befleckt
vom Unrat geleugneter Tiefen.
Ich fand es unverbraucht in mir
und zog es hinüber ins Kommende.

Nach drüben floh zermürbter Verstand.
Ohne Heil suchte er zu fassen, was rein ist
und entschwand daher im Bodenlosen.

Mutter, lege die Bläue nicht um den Hals
alter Schmerzen mir; ich erstickte am Glück!
Es wägte die vielen Stiche doch nicht auf.
Sie hungern nach Licht und *ganzer* Liebe.

Es eilt mein Leben mir wie im Fluge davon.
Doch blickte ich zurück, ich stünde nicht besser
im Schleier des Versäumten, hinter dem Gitter
der mir abgewandten, zaudernden Zeit.

Mit Erkennen streifen die erkalteten Sterne
ihre gläserne Haut über mein randloses All
und benennen die Zähren karger Zeitlichkeit,
ohne dass ich trocknete sie.

Vater, ich bin ein Getriebener in Dir,
in einem Meer wallend in Ewigkeit.

Daughter

You are the dawn that cannot vanish.
Before you fell out of me, I sat quietly
in a soaked leeway and listened
to your ageless heart. Your lips were
cold and mute. An angel came out
of your mouth and sat down near me.
His staggering words pierced
time and space. You could not wait.

Now that you are born, come closer.
Purify me with faith what you are
in God since time came out of Him
to feed you with joy and knowledge.

Enlightenment flows inside you,
waiting for sunnier days to show.
The bursting city is depressing
enough to cultivate either fear.
Now that you know, you could
be serene. Thus, what holds you
back from joy? Are you too proud
to reject ancient clusters of doubt?

Must you postpone for another spring
in another life to uncover yourself?
What is the *key* to your heart making
thousand blooms sprout instantly?

You are the lover of intricate riddles.
Crude your will to deny. The seer is
lonely behind the mirror of knowledge.

Dein Heiligtum

Greife nach dem Gott
deiner Mitte,
damit *er* bleibe
dein Heiligtum.

Und liebst du *dich*,
so liebst du *ihn*
und reicher stürbest du
in den anderen,
befreienden Tod.

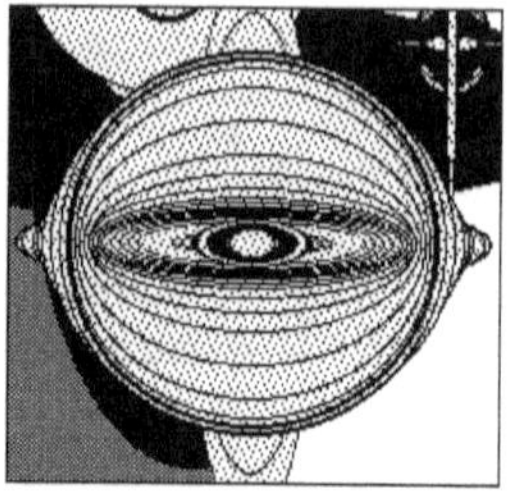

Dein Zuhause

ist nicht ein Land mit Städten
und Straßen, die einst alle enden.

Dein Zuhause ist mächtiger.

Dein Zuhause sind nicht Dinge,
die bald aufgebraucht den Übergang
nicht schaffen können.

Dein Zuhause ist beständiger.

Dein Zuhause sind nicht die Schlingen
erstarrter Vernunft, die jedem Wagnis
trotzen und heillos nur mit sich selbst
befasst, verenden.

Dein Zuhause ist reicher.

Dein Zuhause ist dein Wachsen
ins Zeitlose, wo du *jetzt* schon ganz
zugegen und endlos in deine Tiefen,
ohne Bedauern und in Freuden blickst.

Deine Stimme

Mächtiger denn deine Stimme ist keine!
Und aufhorchen lässt nur sie, in der Treue
und im Vertrauen um dich.

Alle Reiche zerfallen, und Könige werden
zu siechenden Bettlern in blutendem Gold.
Große Taten zerrinnen im Sand der Zeit.

Doch du, in deiner Mitte, stellst das Bleibende,
den großen Sieger um den die Trümmer gellen
nach lohnenderen Leben, allezeit umsonst.

Erhaben stehst du und grenzenlos siehst du
über die Enge jeder Belehrung staunend hinweg,
streust *dein* Wissen auf die Äcker der Welt.

Deine Frucht wird sprießen, wenn die Nacht
am tiefsten und die Wehen am größten!
Denn, auferstehen wird die Einsicht einst
und gewaltiges Leid kippt über leicht

in stillende, alles umarmende Seligkeit.

Dem Stern

die Höcker erdacht.
Es sind die seinen.
Sie sind die Wortbefohlenen.
Sie weinen Raum in die Zweige.
Sie stehen an Lichterwegen.
Sie reifen noch.

Dem Stern die Stirn geneigt.
Es ist die seine, die runde.
Sie reicht wie ein kahler Hort
in verkommene Nebenreiche.

Dem Stern Vergeben aufgetragen.
Es ist das seine, uralt Gezeugtes.
Es rinnt im Ungemeinen, aufgezehrt
im Brachland der Gefühle.

Dem Stern die Weihe geraubt.
Es ist die seine, die ihn erdacht.
Unter keinem Baum, der weder
Birke noch Eiche, noch sich selber
Treue war, wandelte das nie Geschaute
einst gebärend und still, erdverloren
in das dunkle Tal.

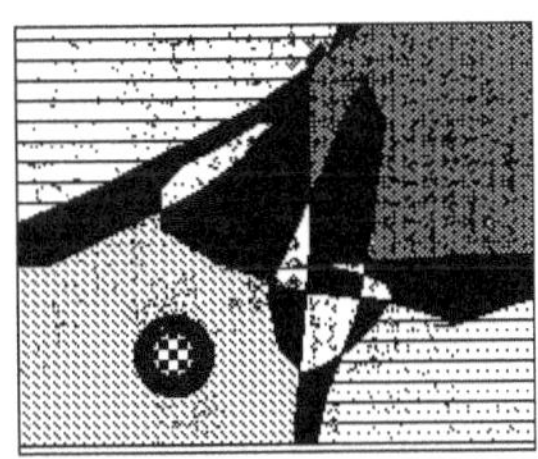

Dementi

Melpomene,
die du des Menschen Versagen
bitter liebst, sag,
könntest du fortbestehen,
wenn er sich wandelte
in ein reiches,
sich selbst tragendes Glück,
wenn er Heimat fände
in seiner inneren Welt?

Den Anker lichten

Solche Ruder beeindrucken nicht,
die bunt gesammelt an weißen Schiffen liegen,
weil nicht zur Fahrt gerüstet unscheinbar
an blanken Ketten müßig ziehen.

Sie müssten wie von innen ergriffen
und beseelt vom Wind gehoben
kraftvoll durch die Wasser stoßen
und diese nach *ihren* Formen tiefer rühren,
ohne zu denken an den Widerstand.
Dann könnten sie siegen leicht
und würden erkennen das Ziel,
das noch wie verhüllt daliegt,
mit grauen Inseln verhaftet träge fließt
in offene Zonen ureigener Erinnerung,
die bisweilen wie verzerrt sich gibt,
dennoch weiß, dass *alle* Wege nach innen führen
und an sich selbst vollzogen die Erlösung sind.

Denkbarrieren

Zu anstrengend ein Sinnen,
das blank über die Dächer gleitet
und sich nicht erheben kann
aus den Rinnen des Verfahrenen,
aus der Ummauerung der Zeit,
aus überlieferten Bahnen, die endlos
kreisend nur in sich selber drehen.

Vergessen können, wäre besser,
wenn auch ungewohnt und anstößig.
Alte Vorbilder haben einen Heiligenschein.

In den Kategorien *dieser* Vernunft,
die doch recht eng gestaltet,
lässt man verständlicherweise dann
das Denken besser sein.

Der Seher

Vom Schauen sind seine Züge
dunkel und wild.
Zugenäht sein Mund.
Wer gesehen hat, will schweigen.

Seine Arme, triefende Flügel
nach innen in ein größeres Land.
An diesen Ufern steht die Sonne
aufgebläht über dem Kreisel der Zeit.

Auf seinen Schultern kreischen
Heere von Gebärerinnen. Sie rufen
entlang den Wehen in das Totenland.
Sehnsucht ist kein guter Fang.
Sie überlassen die Träumer
ihren Trugbildern.

In seinem weiten Mantel
strecken Horden verdunkelter Zwerge
ihre spitzen Finger nach ihm,
wie nach einer Mutter aus.
Sie kann nicht geben. Sie ist nicht frei.
Sein Geben ist ohne Bestimmung.

Zu seinen Füßen hockt lauernd
ein buckliger Harlekin.
Über seinem Glockenkopf
fegt ein Wind die Worte fort.
Der Abend schüttelt frech das Gefieder

und hebt es hoch zum Hahnenschrei.
Zu früh! Lachesis kommt wieder.

Ausgedient die Augen.
Sie wollen schließen.
Ausgedient die Ohren.
Sie wollen weghören.
Ausdrucksleer
sein Blick nach drüben.

Dialog

Ich suche dich im Tal der tausend Glieder
und jede Hand von dir ist wie ein Tor,
in das du hineingehst und dann erlischst.

Du misst deinen Mut am Abgelehnten,
das deiner selbst nicht würdig erscheint.
Du sprichst und dennoch bist du fern
von dem in dich Hineingebauten.

Du nimmst den neuen Sprung nicht ernst genug,
der *ohne* Wissen dir wie kein anderer gelang.

Du bist dir selbst ein Hahnenkamm,
der unnütz deine Schwächen ziert.
Gib ihn ab, dann wird dir gut und alles
Starke ziehet ein wie in einen Tempel,
wie in ein Reich der Fülle, das dich
erwartet und mit dem Höchsten eint.

Die Gestaltenden

Grünewald, den Maler,
haben sie wie angefaucht gesehen
und ihm ihr Werk ins Herz gelegt.
Dort liegt es breit und will hinauf.
Ja, es begehrt in *sie* hinein
und will ganz ihr Innerstes sein.
Und will sie fassen am Wulst
unheiliger Stimmen,
die spitz in Wölfen bellen.

Sie vermissen schon bald nicht mehr
die Geführten,
die Angelehnten,
die Angerührten
im schief geheiligten Schrein
entmündigter Leiber.

In ihnen lässt es sie nicht sterben mehr.

Die Ungeborenen

Sie warten lange schon.
Bald ist es Nacht.
An ihren Armen gehen die Hände zu.
Ob er wohl kommen mag?
Sie werfen ihre Blicke ins Dunkel.
Sie kommen nicht mehr zurück.

Sie warten die Stunden tot
und schließen ihre Hände wie im Gebet.
Aber sie beten nicht.
Denn, wer hätte solche Ohren,
dass er sie hören tät?

Sie warten an großen Türen,
die vor dem Öffnen sich fürchten,
als wären sie selbst ihr ärgster Feind.
Und sie atmen auch nicht.
Ihr Atem würde verbrennen die Nacht.
Und sie singen auch nicht.
Sie schweigen schon.
Draußen irrt der geleugnete Sohn.

Sie warten immer noch.
Und niemand wundert es,
dass die Nacht in sie greift,
wie fahle Blätter sie mahlt und reibt,
auf dass sie an Dinge glauben,
die aufgegeben
an ihren Füßen haften, immer noch.

Sie legen ihre Hände zusammen
und wären auch hingegangen,
hätten alles gegeben und mehr,
wäre nicht die Erinnerung gewesen,
die sie daran hindern tät.

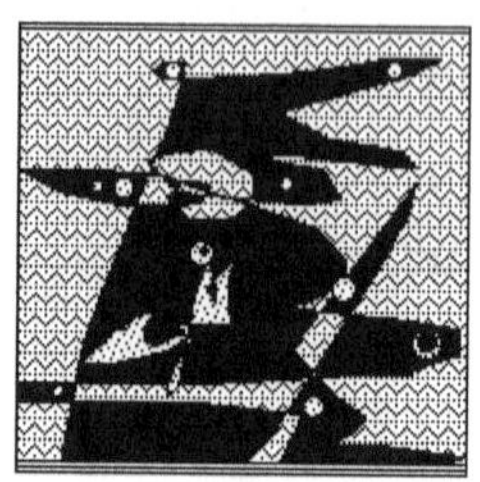

Diene

Schattenhaft die krummen Gewächse,
die nicht dienen wollen.

Die Kraft der Verneinung tobt in ihnen.
Und wäre Zeit ohne Dauer nicht,
sie müssten ewig kriechen
auf immer kargem, entseeltem Grund.

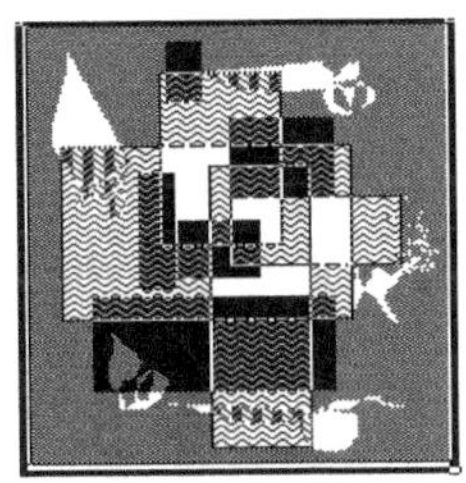

Dies lætitiæ

Wenn an kalten Sommertagen
Blumen in den Wiesen
wie Feuer sprießen
und vom Himmel her
ein Irrlicht springt,
dann schlagen alle Dinge
ihre Flügel und singen:

Wo kommt die Sehnsucht her,
die dich und mich
und dann sich selbst verzehrt?

Warum Glut in den Augen
und in den Leibern die Gier?

Wie schwer wiegt Schuld
in diesem Tränenmeer?

Lasset uns doch tanzen
und verkünden den,
der uns gefunden,
damit wir ihn suchen
und endlich *uns selber* finden.

Dogmenspiel

Ihr seid gut zu uns,
weil wir unwissend sind.

Ihr verteilt die Krücken,
die niemand braucht.

Ihr gebt Sicherheit
zu einem Preis,
der uns zu Schuldnern macht.
Doch wir schulden euch nichts.
Ihr lehrt uns die Schuld,
weil wir geduldig sind.

Ihr bestimmt,
was gut ist oder böse.
Wem aber nützt es?

Ihr seid der Weg.
Wessen Weg?

Wir *waren* frei.
Ihr aber habt uns
zum Schweigen gebracht.

Es wird euch
nicht weiter gelingen.

Draufsicht

Lebendigkeit
ist Attribut
des Messbaren nicht.

Sie ist jeder
Eingrenzung bar.

Sie ist der Geist
im Kleid der Dinge.

Im Stein überdauert sie
die Zeiten des Hochmuts
und des Wissens.

Ich will warten
auf den Tag der Einsicht.
Wenn er kommt,
stehe ich bereit
mit meinen Büchern,
Irrtümern und Zweifeln.

Es könnte ja sein, dass ich
trotz tadelloser Erziehung
total daneben liege.

Durchbruch

Gingen die Götter in mein Leben nieder,
um zu prüfen mich?

Wo leben die Abtrünnigen vom Sterben?
Wo keimt Freude neu in selbst gemachter Kälte?
Mein Leben ist wie ein wildes Rauschen
um den Turm der Kraft. Wo liegen die Freunde
schlafend, die Stütze mir, Führung
und Teilnahme waren auf schroffem Weg?

Ein neuer Tag ist neu erstandenes Leben.
Erweckt aus dem Zwang, fährt die Seele
in ein Uferloses, heim in ein altverdientes Glück:
Sie, ein Gott im Kleid der Scherben,
will in entrückte Räume nieder,
heim an der Sonne tönenden Saum,
in den lichten Kern der Kraft.

So erhebe aus den Scherben des Mangels dich!
Lasse hinter dir die Gestalt trügerischen Fühlens.
Gehe in unbändiges Leben ein und gib dein Werk
den Verlorenen, die dich übersehen haben
auf deinem *stillen* Weg in ein neues, nur dir
zugedachtes Glück.

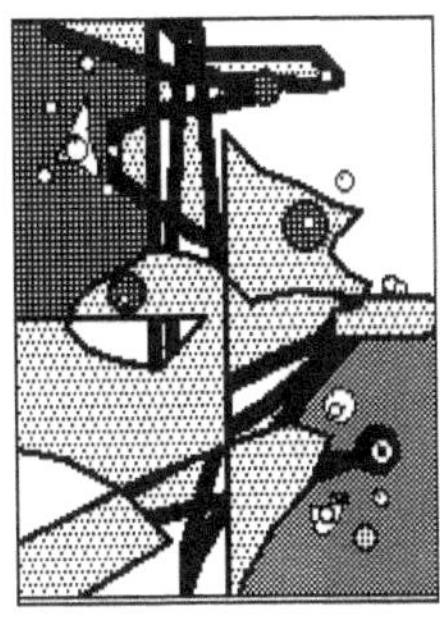

Einbruch

Vernommen entthronte Chöre,
die im Tonlosen singen
und die Verfügbaren bezwingen

im Vorübergehen.

Eine Waise

Eine Waise ich, auf fremdem Stern.
Eingemauert in glanzloses Treiben
fernab dem lösenden Licht. Aufgebahrt
im toten Zwielicht entweihter Tempel.

Schwarze Sonnen brennen schrille
Furchen mir ins Haupt. Weiß ich noch
wer ich bin, was ich treibe hier, am Rand
ätzender Schwere? In dumpfe Hinterhöfe
gehe ich ratlos ein sie prüfen mich.
Ein Heimatloser ich am Strand der Öde,
die schamlos mich will. Ich lebe über
diese Welt hinaus. Sie verzeiht's mir nicht.

Dann in der Warteschlange Befreiendes:
Eigenes! Zertreten vom Bauch der Nacht
reinstes Empfinden. Ausgezehrt von Öde
der innere Gott. Neues Denken abgestraft.
Das Judaspfand für künftiges Scheitern
ist der vielfach beschnittene Mensch!

Warum will zähmen diese Welt mich?
Warum ist mein Scheitern ihr Gewinn?

Ich erschaue meine Seele, die mich liebt
und stecke doch in einem Schlauch!
Kein Himmel, kein Wehen, die von dieser
Drangsal erlösten mich! Ich stecke alle
mit Bedenken an, erkranke an Furcht.

Die Erde, ein Schlachtfeld des Fühlens.
Kein Tod dreister als die Beschmutzung
der reinen Herzen. Keine Hölle bitterer
als die Ablehnung ureigenen Strebens.
Dass ihr mich *so* nicht haben wollt, ich
werde nicht anders drum!

Dankbar gehe ich den Weg nach innen,
nach Hause.

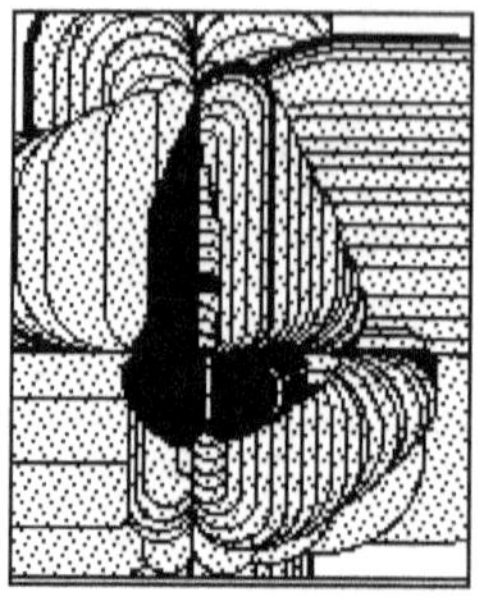

Einkehr

Es gibt Nächte, die von Sternen übersät
in dich greifen, damit du sie spürst
und dir dein Haar umspielen,
damit du mit ihnen gehst
in ein Land, das du fern geglaubt
an deinen Füßen *nah* beginnt.

Sie locken nicht. Sie zeigen dir
Unerhörtes nur, weil du es in dir trägst
und bereiten vor die Stille, die zu dir spricht:
Verweile nicht!

Sie führen dich heim.

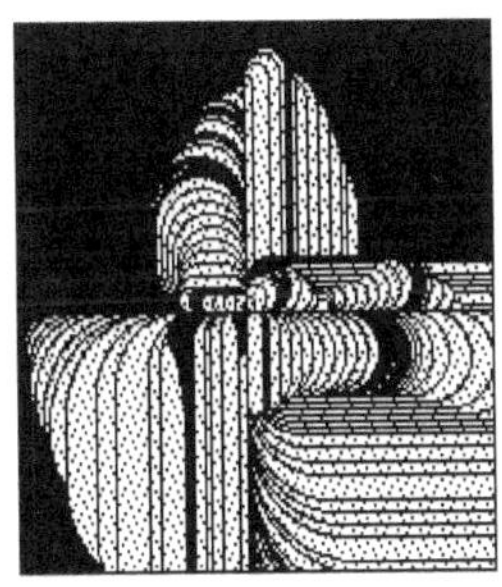

Einmal anders

Einmal glücklich sein.
Nicht sich sorgen müssen
ihn nicht zu bestehen,
den empfindsam belegten,
mit Sehen überladenen,
weit überdehnten Augenblick.

Dunkle Tage stahlen mir
wärmendes Licht. Müde
ist mein Aug vom Sehen.

Und wäre auch spielerisch
wie ein Blinder ich,
ich sähe immer noch mehr,
als ich furchtlos tragen kann.

Einsicht

Verkanntes Angesicht,
du gibst dich selber
den Anspruchslosen nicht,
die in dunklen Gängen
um sich selbst betrogen,
mutlos lauern.

Eiszeit

Ein Trichter, die Hoffnung. s
In die Hirne tröpfelt
beschönigendes Maß.
Verworren ihr Inhalt vom Soll.
Kein Haben zur Seite.
Reich die Kehrseite an Verzicht.

Dein Leben, von Henkershand
beschnitten, schamlos entriegelt.

Neuerdings Gefühle. Sie vermissen
ihre Sternstunden in den Himmeln
eingefrorener Willen.

Endmuster

Die vaterlose Zeit
rafft die Scherben vom Tisch
und stockt.
Inventar abgeschlossen.
Die Hinterbliebenen
sind das Ducken leid.
Ohne Klarsicht
tut sich nichts in ihnen.

Mutterlos bleiben
ist nicht Einsamkeit.
Zweisamkeit
kann tödlicher enden.

Die Geburt, ein Muster
tausendfach erstellt
und gutgeheißen.
Öffentliche Approbation
ist wesentlicher Bestandteil
aufgenötigten Lebens.
Es stillt zwar nicht, dafür
ist es berechenbar geworden.
Überleben hat seinen Preis.

Wenn ein Zusammenleben
nur mehr um den Preis
der Selbstaufgabe tickt,

tickt es umsonst.

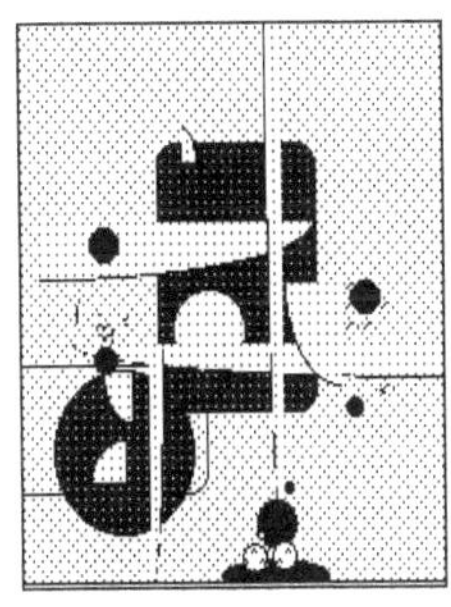

Endspurt

Mit dem Sonnenton
wandern
auf dem Grat der Zeit.

Leichtfüßig
alle Hürden nehmen.

Wunschlos treiben
den Sternen entgegen.

Und schmunzeln über eitle Leben
in den Niederungen der Welt,
im Buschwerk alten Zorns.

Jetzt bist du
in dir selber angelangt.

Jetzt bist du
randlos ganz.

Endstation

Gehörnte Weisheit,
verstaubt dein Vorhof,
der nicht münden will
in offenes Land,
das doch länger schon
von Söldnern frei
unbeschwert
den prallen Tag besingt
und sich wenig schert
über Gestrüpp im Hinterland.

Erlöst jedes Ding,
das an den Gestirnen reift
und sich selber schaut
in jedem Funken meilenweit.

Vergessen die Lehren.
Verworfen die Schmerzen.
Verwahrlost alle Sprüche,
die unter Brücken
wie Bettler siechen.

Unverhofft ein Lichterstrahl!
Frohgestimmt die Einsicht
im Quadranten deiner Mitte.

Endzeit

I

Zermürbung im Sonderich.
Drinnen Determinanten
des Unbestimmbaren hausen.
Gesetzlos überrollen sie
die Grenzen der Allmacht.
Exil an allen Fronten.
Der Freibrief in die Lust
führte nicht in die Freiheit.
Sterben wir alle unverbraucht?

II

Proklamationen der Willkür
sperren sich gegenseitig aus.
Beunruhigend ist nur
ihre verharmloste Aufmachung.
Wissen kommt jeder Vernunft bar.
Wird das Raubtier siegen,
wie einst der große Alexander?

III

Spätdichtungen unterscheiden sich
vom Versäumten nur durch den Schleier
ihrer Vieldeutigkeit.
Logik bleibt eine Invariante
am Schuleingang.
Ihre Überwindung kostet Erbrechen
vor der linearen Denkweise.
Enthumanisierte Kathederreihen

in einem Treibhaus für Hirne.
Hier wird umsonst gedacht.

IV
Die Romantik der Gefühle
kann über die Pleite der Moral
nicht hinwegtäuschen.
Besserwisser an allen Ecken.
Die Rhetorik erlernter Manierismen
ist keine Entschuldigung
am Abort ihres Versagens.
Welche Humanität fände
in diesem Jahrhundert noch Platz?
Welche Charta könnte jetzt
noch ernst genommen werden?

V
Abnormität der Anschauungen
an der Tagesordnung.
Mit allen Ehren ausgestattet
der Wille zum Betrug.
Nie wurde so glaubhaft und
völkerverletzend gelogen wie jetzt!
Nie waren Eigennutz und Angst
soviel Blut wert!
Die neue Ordnung wird die alte
an Heuchelei noch übertreffen.
Bald hat die Lüge jeden einverleibt.

VI

Mandarin, Szenenwechsel
wäre jetzt angebracht.
Könntest du nur singen
am Abgrund der Bosheit!
Schiffe des Hochmuts in allen Gewässern.
Sie bringen heimtückische Ware heim.
Verdrehtes Recht gräbt
die Furchen lohnender Hinrichtung.
Unrecht abgeschafft. Es heißt jetzt
Staatsraison, Notwendigkeit oder
Fügung angesichts der Weltlage.

VII

Die Ausrottung von Minderheiten
erscheint vertretbar.
Nicht nur Menschen sind gemeint.
Ihr Versagen ist ihre Hilflosigkeit,
geschrieben auf krumme Rücken
in einer Wüste der Indifferenz.
Macht bleibt der sicherste Wert.

Nur uns selbst können wir,
nach alledem,
nichts mehr vormachen.

Engel des Lichts

Eure Kraft ist die Einsicht.
Unbeschwert die Seele, die weiß.

Ohne Dauer und Bestand,
Zermürbung in der Zeit.

Hüter des neuen Mondes.
Glanzgeschliffen euer Schiff
am Strand der Öde.

Leben entblättert, randlos
wie die Strahlen
der aufgehenden Sonne.

Reinheit ist euer Schild.
Makellos euer Wille,
der Vollendung gelassen
entgegen.

Vom Ewigen behaucht
euer klärendes Sein.

Ihr, Stein und Meißel in Gott.

Erde

Mutter der Schmerzen,
an dir klaffen die Geschwüre
des Hochmuts wie eiternde Funkelsteine
um dein geschundenes Haupt.

Deine Gauklerkrone ist die Saat
feigen Gewährens! Dein aus dir gezeugtes
Geschlecht hat dich entehrt.
Wann wirst du es verloren geben müssen?

An verklumpten Horizonten
sind die Tränen das Nass, von dem du
nicht mehr genug geben kannst.
Denn *alles* hast du gegeben den Blinden!

Wenn über deine verstrahlten Hände
die befleckten Furchen des Krieges ziehen,
dann sei nachsichtig nicht!

Lasse ruhen in Frieden nicht, was im Keim
den Tod wie ein umgekehrtes Heiligtum
schamlos an dir zelebriert!

Erinnerung an eine Geburt

Die Wehen sind vorüber.
Längst hat das Gewordene
tief in den Tag geschrien.

Dinge sind erstanden,
die niemand erahnt.
Selbstbewusst ergießt der Tag
sein Lachen und übertönt
alle Makel.

Mutig verschwendet
das Erstandene sein Glück,
damit es den noch Knienden
zum Zeichen werde,
ohne Absicht und Lehre
zu ihnen finde und ihre Fesseln
endlich löse.

Ernte der Sonne

Die Zeit ist reif nun.
Ernte nur die Frucht
deiner hohen Mitte.

Gefangen im Leib,
mühst du dich umsonst ab,
haderst mit den Dingen
einer betäubten Welt,
allezeit vergebens.

Ruhelos getrieben
vom Sog der Lügen,
schielst du atemlos
an dir selbst vorbei.

Schreite zur Ernte nun
auf den Schwingen
nahender Ganzheit.

Heim will der Mensch
zum Gott seiner Mitte,
der prüfend und rastlos
ihn zu sich selber führt.

Ohne Aufschub ist
und alles verbrüdernd
seine, die *eine* Liebe.

Immer Neubeginn ist,
stillendes Blühen,
endloses Streben,
dein sagenumwobenes,
schrankenloses Wesen.

Erste Hilfe

Fordere dein Land zurück,
das kaltschnäuzig dir genommen
und auch weiter vorenthalten wird
von fetten Büro-Sesseln aus,
die in verbrauchter Amts-Luft japsen,
von uniformen Bänken-Reihen
und den darin gepaukten
gutgemeinten Ratschlägen,
die keine Tür offenlassen
und dich, die Burg, einnehmen,
ohne dass du es je bemerkst.

Viele bemühen sich um dich:
Der Staat, der deine Jugend braucht.
Die Mutter, die deine Gefühle will.
Der Politiker, aufgebläht wie ein Pfau
und mit hohlen Worten geschmückt,
der deine Treue lispelnd sucht.

Gib dich hin und es werde dir gut.
Die Zeit zwingt zu Entscheidungen.
Triff sie bald. Man hilft dir gerne dabei.

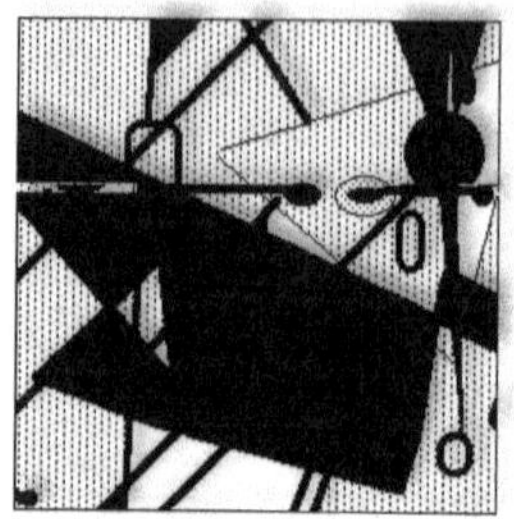

Excalibur

Mächtig wie ein Prankenhieb,
hart in dich hineingeschlagen,
für immer geweiht
dem Rausch des Lebendigen,
dein Anteil am Sein dieser Welt!

Ungeteilt die Kraft, die *aus sich selber* schöpft.
In *dir* entsprungen ihr sengender Quell!
Ewig sein, heißt das Allgegenwärtige schauen
in dem du übergangslos und vielfach verweilst.

In dich hineingetrieben, tief in den Berg,
das Wissen um diese Würde.

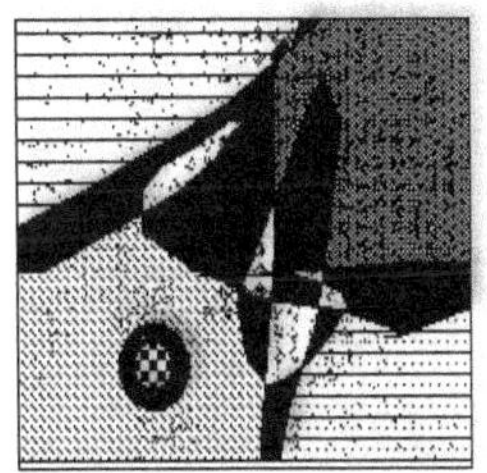

Exil um die Ecke

Es genügt nicht
den Aufstand zu proben.

Wir gehen leichtfüßig
in die Knechtschaft
der erloschenen Herzen ein,
wenn wir nicht zupacken.

Das Unverbindliche,
ein nützliches Ornat
am tausendfach Gebeugten.

Exil im Gehöft um die Ecke.
Der Selbstbemitleidung ist genug.

Wissen, das die Lust zur Macht
stützt, ist weiterhin in Mode.

Wo liegen die Umgestalter
eingegraben? Sie zögern noch.

Wo keimt die wärmende Zeit
bleibender Liebe?

Exodus

Vertrieben aber, die ohne Land
nur sich selber wollen im wunden
Schimmer der Gezeichneten.

Verschleppt, was sie lieben.
Ohne Groll berühren sie vielfach
verschlossene Türen. Sie dürsten nicht.
Sie drängen in ihr Innerstes nur,
das nach ihnen wie Heimat ruft
und sie nur seliger noch begehrt.
Sie sind geladen zum Mahl
der eigenen, hohen Stimme.

Ausgeweint ihre Lider, die nicht schließen.
Gestillt ihr Suchen, das nie mehr ohne Freude
sie in ein Bodenloses weitet.

Körperlose blühen tiefer und erzählen
wortreicher ihr Verschlungenes,
das nach oben schwenkt wie ein Speer,
der im Stoß sich selbst vergisst und daher ist.

An ihren Hüften blühen die Kränze getilgter Leben,
in gewogenes Schweigen ankernd eingehüllt.

Fazit

Wir, die besitzen,
sind arm.

Über uns verfügen Dinge,
die andere nicht missen.
So *fehlt* uns ein Größeres.
Wir haben es nie bemerkt.

Unser Schlaf gebiert Tränen,
die kein Tag erfahren will.
Was *in* uns einst sich rührte,
ist seit langem totenstill.

Wir, die ewig Hintergangenen,
deren Wille die Enge ist,
vermögen nicht zu fragen
nach dem tieferen,
uns entflohenen Sinn.

Fensterglanz

Silbern gebannt das Gemüt
im Glanz der stumpfen Dinge,
die in gläserne Haine entrückt
und mit Kunstlicht bestückt
die Augen blenden. Nur die Seele
sieht sie nicht und will zurück.

Fest der Anspruchslosen. Kaufwut.
Wut über die eigene Leere.
Keine Ware macht sie wett.
Marktschreier verfügen über das Fassbare
wie Bettler längst entthronter Füllen.
Üppige Spiegel des Bedeutungslosen
in allen Straßen, hergerichtet wie Schablonen
zum prallen Fest der Leiber.

Sättigung in allen Minen,
die bald gut getarnt, bald schlecht bemalt
fragile Vitrinen mit blassen Blicken
ratlos befühlen. Weiter so.
Und eine Flöte singt erweichend Lieder.
Und Münzen dazu als heimliches Pfand.

Gerädert aber die Fülle, die in der Gosse liegt
und weint und irgendwann nach einer Hand
wie nach einem fernen Ufer, vergeblich greift.

Fensterlos

Fensterlos
die Stille beäugen.

Großes Schauen
bedarf
keiner Vehikel.

Nie war der Rand
des Wissens
so nah wie jetzt.

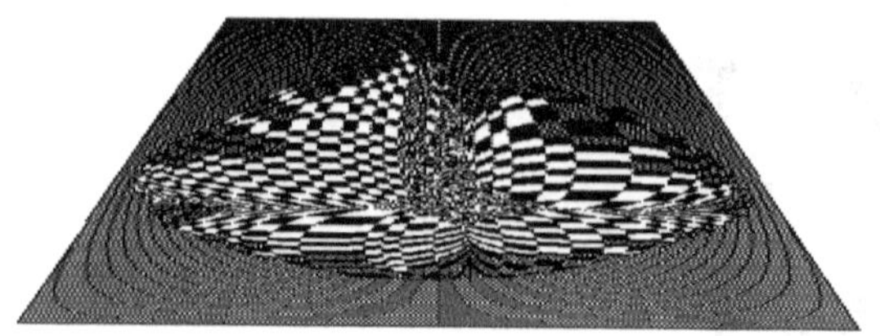

Feuerball

Die Lider der Behauchten schließen nicht.
Sie sind die Sehenden, die nicht fragen
nach den Stunden.
Sie entsenden das Unbegangene nur
und legen es den Straßen breit
in ihre glitschigen Hände, die im fahlen Mond
gebadet die Zeichen der Gegenwärtigen tragen.
Sie zeigen den von sich selbst Gelösten
ihr wahres Verlangen.

Viele begreifen trotzdem nicht.
Es sei denn, ein Funke träte über die Schwelle,
der im Kern entflammt die belegten Seelen sprengt
und ihnen im Feuer ihr *eigenes* Wesen zeigt.
Sie werden den Anblick nicht ertragen.
Sie werden mit viel weniger sich begnügen,
mit nichts, das ihnen eigen wäre!
So gedenken sie Ruhe vor sich selbst zu haben
und legen dem Auserkorenen ihre Hände
in seinen weiten Schoß, der ergeben
wie eine Mutter fast sie eng umgibt
und vor Liebe doch sie zu ersticken droht.
Sie verstehen nicht, denn ihre Augen ohne Glanz
neigen sich, und nur die Erde sieht die Scham,

die wallend in Tücher schwarz gehüllt
die letzten Häuser ratlos flieht.

Sie werden wiederkommen und erneut
das Ewige fordern. Sie werden fortführen,
was in ihnen nicht vollendet ward
und die Schreie schwelender Wunden
einst wortlos übertönen.

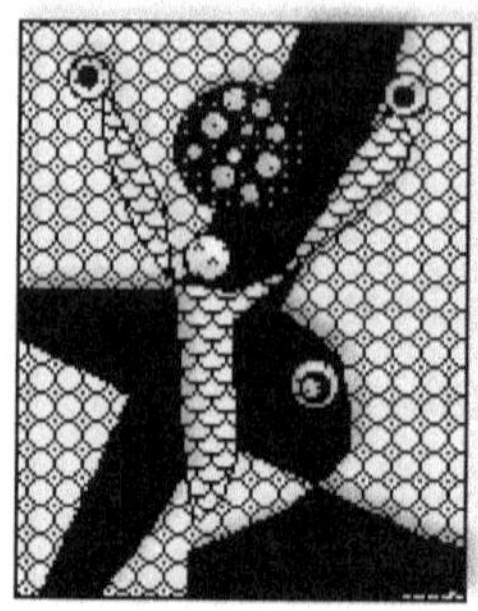

Fischer

Ohne Beute, an Trägersäulen angenagelt,
warten sie. Nur ihre Blicke greifen weiter hinaus
über die Wasser, die gläsern erstarrt
nicht mehr fließen. Vielleicht wird der Abend
sie belohnen, wenn sie ihr Gebet verrichten.

Sie lassen ihre Netze an dunklen Pfählen angelegt
und führen ihr Denken nur noch weiter aus,
an längst erloschenen Strandbastionen entlang,
in schütteres Hinterland, das sich nicht
zu erkennen gibt, in mühsam gegrabene Gänge
hinein, da sie alte Saat nicht aufgeben mögen.
Sie sind viele Leben lang.

Doch dann denken sie nicht mehr. Wem nützte
es auch? Sie selbst erfahren nicht das Angezielte.
Es verbirgt sich noch. Sie lehnen sich nur weiter,
immer tiefer und an den Grund.
Sie starren in den Abgrund eigener Erfahrung,
die unbedeutend ihnen aus den Händen gleitet.
Sie bedauern nicht. Sie staunen nur.

Flamenco

Blutrot der Stier
im Gewand gespannter Leiber.
Wie gebannt, horcht ein Dämon
über die Sinne nach innen.

Im Feuer gezeichnet der Tod.
Vollendung über ihn hinaus.
Dann ein Rufen, ein Springen
und Stille dazwischen.

Beschwörend Hufe
um ein Kartenhaus.
Es zerspringt wie Glas.
Ohne Singen ist nur Öde.
Himmel gerinnen folgenschwer.

Ritt und Tritt
aus dunklen Räumen kommend.
Ohne Zähmung dein Wille.
Er brennt lichterloh.

Feuerhund lallt im Kreis herum,
und aus der Sonnenschale kippt
dein Atem auf die Dürre
wie ein Samen.

Andalusien, deine Stimme
will nach drüben.

# Flamme

Entzünde Flamme den Wunschlosen,
der in die Dürre spricht,
Verneinung sei der würdigere Ort.

Zeige ihm einen besseren Weg,
der auf Feuerspuren breit
ohne Wagnis nicht ist, doch
vorbei an Abgründen ihn trägt.

Lasse ihn nur noch tiefer sehen,
auf dass er sich selber fühle und in sich greife,
einem Adler gleich, der dem Lichte nah,
einem Krieger ähnlich, der sich selbst gebar.

Verkünde ihm sein eigenes Wesen ruhelos.
Lasse ihn sich selber führen, wie von innen,
wie ein Hirte seine Herde in fruchtbarere Täler.

Rühre seinen Geist mit spitzen Waffen,
damit er sich erhebe und endlich erwache.

Lasse ihn an anderen Maßen sich trefflicher prüfen.
Aber bezirze nicht. Zeige nur.

Rühme den eigenen Kern als den erfahrbaren Gott,
der viel zu lange schon verschlafen hat.

Gib ihm den Hauch von anderen Leben ein,
die vor Ungeduld überall sich dehnen
und ihre reichere Fülle ausgebreitet
ihm in seine erschlafften Hände legen,
auf dass er sie annehme und auch weitergebe.

Flicker of essence

Vast the land in which I step with dreadful hope.
The night I crossed, went down in dazzling rest.
I am the bearer of a hidden sun, full of might
and disclaiming pride. My heart is not mine:
I am not born from time.

I have not seen myself for some thousand years.
And now that I contemplate my chilling face, I see
the choice I made, is not the only one I could defend.
My nature is an arbitrary scope built somewhere
in a drifting throat.

Can I more stringently be? Am I a shallow breath,
something that would not exist without my choice?
Am I the yearning note I cannot achieve purposely?

The enigma lies in a boundless mind far away from
regular debate. Would you concur that I have to be
what I so insecurely am?

Folgerichtig

Verkantet
liegen die Messer bereit
zum Abtransport.
Geschnitten wurde genug.
Unbekümmert
wachsen die Schulden
ins Uferlose.

Jede verpasste Gelegenheit
schlägt schonungslos zurück.

Unfertig die Jahre
im Flickwerk öffentlicher
Belehrung. Nur stillende Leben
keimen fern jedem Zwang.

Gemüter zwar beruhigt,
doch der bittere Beigeschmack
aufgeschobener Leben
bleibt niemandem erspart.

Die Tragik dieser Zeit ist die,
dass sie welche haben *will*,
nicht aber haben müsste.

Forbidden questions

Is my love too poor to understand
that no one is without the choice?

Have I failed to see myself in a timeless
dawn when a huge mind urged to create
distinctiveness *beside* an unending dream
of swelling oneness?

Is this tremendous science not mine?
How could it not be so, as I am both
fragment *and* unpredictable entirety?

It should not be that I remain alone.
So, I flew beyond the wall, too huge
to overrun, where unity was expected
to be *true* plurality.

Yet, I couldn't find else than myself!
Any presence is a part of me, any grain
a glimmer of my enduring hidden Self.

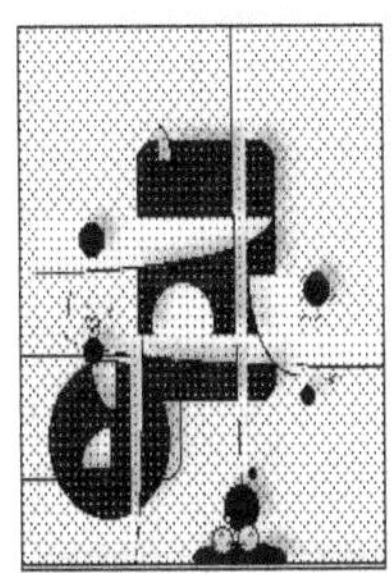

Frage

Augen voll Schlaf,
wo wart ihr,
was saht ihr
hinter dem Vorhang
der Sinne,
der euch betrügt?

Frühjahrsputz

Wieviel Belehrung genügt?
Jede Kleinigkeit davon.

Du sagst, du kennst
deine Berufung nicht.
Jeder Tag ein Arbeitstag.
Da bleibt keine Zeit
zum Nachdenken.

Wenn du abends todmüde
in den Sessel fällst,
ist wieder ein Tag hinüber.
Du hast dich daran gewöhnt.
Nur manchmal öffnet sich vor dir
eine Art Fenster nach innen,
in das du ungläubig hineinschielst
und denkst es sei nicht wahr.

Du gibst dich zufrieden,
bist es aber nicht.
Deine Konten stimmen.
Du hast vorgesorgt.
Trotzdem, unter dem Strich
mehr Soll als Haben.
Du versagst dich dir selber,
jedes Mal mit einem neuen Trick.

Es gibt keine Alternative
zum Glücklichsein.

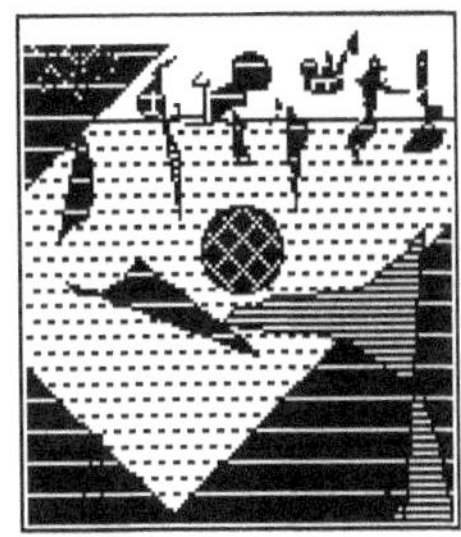

Fühle doch

Selbst-Verrat heißt die Lüge,
die unerkannt jeden Bau befällt,
die jedem Werk einen Panzer strickt,
der dir die Lungen knickt
und dich nicht atmen lässt.

Fühle doch den Überzug,
der fremd an deinen Fingern klebt
und dich umgibt wie ein Gespinst
uralter Fäden, das lieblich dir ungeahnte
Wunden reißt, bis endlich du schreist
und nicht mehr kannst, weder geben
noch heben deine schmale Hand,
die verstümmelt nach deinen Schläfen
selber fasst, als wollte *sie* eröffnen
den Kampf, den du zu lange schon
gemieden hast.

Fundgrube

Standhaft sein, auch ohne Bleibe
im Geist. Ein Sperrgebiet, der Leib.
Kein Wille nach Erlösung hier.
Die Preisgabe des Schönen ist Verrat
am eigenen Selbst. Hades der Furcht
am Abort ungesühnten Versagens.
Warum preisen wir,
was wir nicht lieben können?

Viele Leben gehen ehrbar dahin,
verkochen in fremd geschürter Glut.
Der künftige Leib ist nicht edler drum.
Krumme Schatten ohne Wahl lungern
am Rand des Lichts, sterben in den Schein,
der wie Wissen verpackt viele Monde
schon ungebundenes Sein dreist ersäuft.

Wohin dieser Strom? Wohin Eigenes?
Platte Fäulnis alter Makel tanzend
im Getöse der Zeit türmt Glanzloses
wie blecherne Sonnen protzend auf.
Stumme Säulen der Ablehnung
greifen in den Kummer der Liebenden,
die mit Redlichkeit bekränzt
nicht verstehen können, dass niemand
ihnen ihr All-Sein gönnt.

Der Mensch, ein Findling im Unsagbaren.

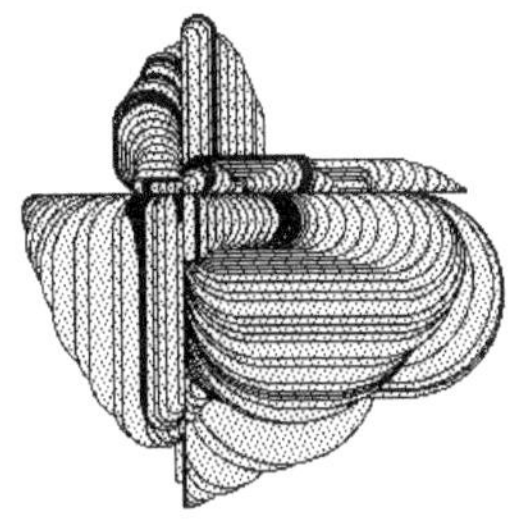

Gebet

Ich bin Baum. Du, die Erde.
In uns reift dieselbe Frucht,
das Werden.

Und wäre sie überall
jedem gegeben,
auch denen, die bestehen
auf das Endgültige,
viele würden ihrer nicht froh
und flüchteten in dunklere Täler,
die dumpf in Schlaf getaucht
ihre starren Lider heben
und im Rausch den Gott beschwören,
der sie erhören soll.

Sie drängten nur
aus sich selbst heraus.

Gebet II

Gib, Herr, dass wir fortfinden von den Äckern
der Angst, aus den Höhlen unfertiger Leben,
aus trüben Städten, die wahllos aufgetürmt
fern von dir frieren in ihrer Armut im Geist.

Du, der unsichtbar am Sichtbaren meißelt,
Bildhauer aller Welten, am Unfertigen reift
deine Hand über die Vollendung hinaus.

In den geweihten Alleen der im Geiste
Wandelnden strömst du unversiegbar aus.
Du, ewiger Anbruch! Nie vollendet dein
Sein in den tönenden Räumen im Geist.

Die Gefallenen aber, die schwarzen Engel
gewaltiger Umnachtung, stehen murrend
bereit, flammend im Feuer des Freudlosen,
mit ihren Schwertern gestählten Trotzes.

In siedende Qualen gehen die Engel nieder
und erdulden die Last deines Fernbleibens
und saugen doch das Dunkel voll mit Licht.

Lasse strömen, Gott, deinen Geist in die Saat
der Verweigerung, damit die Schattenwelt
sich selbst befragend, ausufernd erkenne:

Nur wer aus seiner Mitte heraus lebt, liebt,
geht seiner Bestimmung endlos entgegen.

Gedanken eines arrivierten Künstlers

Niemand wird mich verfluchen,
noch himmelhoch loben wollen.
Ich bin zufrieden. Auch in der Kunst
gibt es eine bewahrende Mitte.

Zwar meinen andere wieder,
Kunst geschehe abseits des Bewährten,
ohne Hintergedanken, ohne offene Türen.
Dem stimme ich auch zu, im Prinzip.
Nur, auch der Künstler muss seinen
goldenen Turm zuweilen verlassen dürfen.

Auch täte er gut daran, verfügbar zu sein.
Es wäre ihm von Nutzen.
Auf Pegasus allein möchte wohl niemand
heute mehr bauen.

Auch der Künstler darf mitunter von achtbar
geformten Vorsätzen abrücken und an weniger
heiligen Türen anklopfen und vorsprechen,
damit er die Vorteile von Beziehungen erkenne,
die so achtlos er bislang verschmähet hat!

Am Kunsteifer allein wird niemand gesunden.
Und falls ihm Erfolg beschieden ist, darf er
den neuen Weg auch *aufrecht* gehen.

Auch der Künstler muss Mensch sein dürfen.

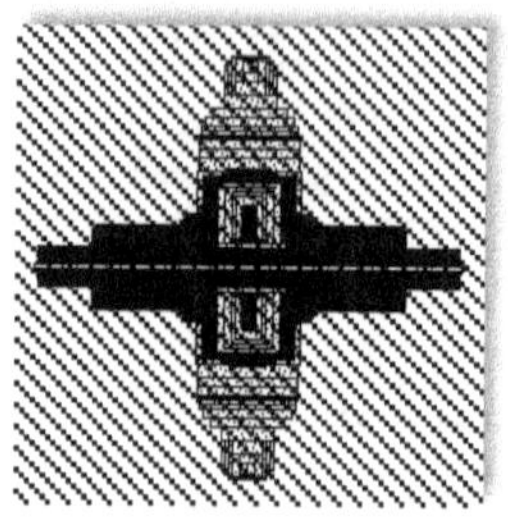

Geist

Du nie Gezeugter,
nie Geschauter,
nur Schauender,
ewig Ferngesandter,

sähest du nicht übergroß
der Menschen Maße zerrinnen
im Hinterhof ihrer Tot-Sicht,
du würdest nicht rufen
in ihre frierenden Leiber
fordernd hinein:

Gott ist euer Innerstes!

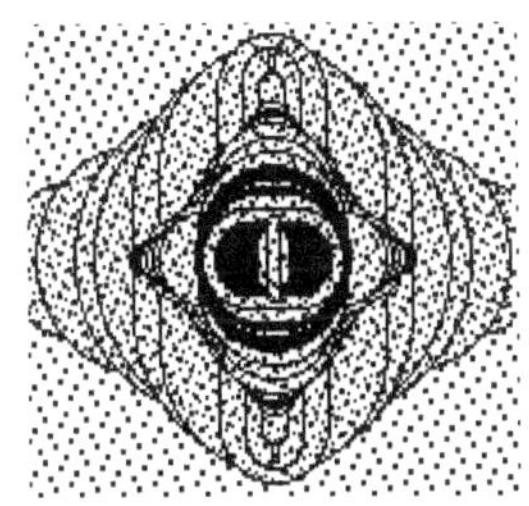

Geld-Saat

Geld, du alleiniger Gott,
du einzige Kraft.
Dir geweiht die Habsucht,
das Nehmen, die Wollust
nach mehr.

Deine Brüder, die Sachen,
lachen nicht mehr.
Dunkel grollend
starren sie übers Meer.
In den Masten grölt
der Sichelmann:
Ende in Sicht!
Weniger ist mehr.

In stummen Gassen
siecht ein Taler.
An ihm klaffen
Aussatz und Betrug.
Und irgendwer kreischt
nach innen: Ich wollt,
ich hätte nicht mehr!

Gemeinlehre

Dein Denken ist wie von Atlanten
gegrabenen Gängen breit,
um das zürnendes Gebären
sich häuft und erkennen will.

Ruhig und verlassen singen die Raben
in cis-Moll ein ergreifendes Lied.
Es heißt: Rühr-mich-nicht-an!
Du bist nicht mehr unbefleckt.
Du wurdest gebrochen, mit Absicht,
an der Logik des gerade noch
zu verkraftenden Aufwands.
Überdies liegen deine Hände
zusammengefaltet und sprechen
tonlos die Litanei der Vermummten.

Wissen ohne Stütze von außen
ist möglich.
Dein *innerer* Stand genügt.

Genügsam

Was wir wollen,
nährt nicht seinen Mann.
Es ernährt den Leib,
wenn auch schlecht.
Es kommt über uns
und verlangt nach mehr.

Es ist uns recht.
Wir nicken.

Wir nicken
mit dem Kopf, besser,
was davon übrig ist,
mit den Händen,
die nunmehr abgenutzt
pendeln nach links,
nach rechts und dann
vergehen am Verrat
der eigenen Herzen.

Es ist uns recht.
Wir nicken.

Gesang an die Sonne

An den Flügeln des Ungebeugten erkennt
die Sonne ihren Lauf und umrandet ihn
mit lang Versäumtem, das unerwartet tief
in den Abgrund weist, wie eine überreife Frucht,
die geglättet sich gibt und weiter als erwartet
ihre welken Blätter spreizt, als wollte sie verkünden
den Ruf, der sofern noch nicht vertagt aus Fernen
stößt, welche jede Tat umarmen, die abgestellt
vergessene Wege säumt.

Vergangen glühen die Leiber immer noch,
als könnten sie nur im *Jetzt* zugegen sein
und empören sich viel lauter als erlaubt.
Eine Stimme, so höre doch, ist eingerückt,
die verkündet selbst fernsten Regionen
das Maß, an dem alles sich messen soll!
Sie wird nicht belohnen die Tat, noch verhöhnen
die Schwäche, wohl aber erkunden tieferes Sinnen
ungefragt, welches in ihnen geduldig wartet.

Verflogen die Gewohnheit, die schützend
sich selbst betrügt. Aufgelöst die Vernunft
der Verführten. Angehaucht das Unberührte,
das aus den Maßen weit hinaus die Sinne
zum Erkennen zwingt! Sie werden rufen.
Gesühnt die Ohnmacht, die sich selber richtet.
Erhöht die Tiefe, die mit Verachtung bedacht.

Abgerissen das Bewährte, das vor dem Spiegel
sich niederlässt und am liebsten auch weiterhin
noch geblendet wäre. Erkannt das Wankelmütige,
das um das Kommende besorgt sich verschließt
und daher dürstet. Es wird rufen.

Überall wächst Stille, die nicht Vergeltung meint.
Nur leiser ist ihr Raunen am kalten Hort der Zeit
geworden. Verpönt ihr Wirken, doch unberührt
geblieben. Sie führt sich selber schonungslos
an unlängst Geschautem entlang, das berührt
erst lebt und berstend sich nach innen weitet.

Beglichene Tage drängen nicht. Sie sind Türen,
die weit offen sich versöhnen und die Stimmen
der Gewesenen nicht mehr hören.

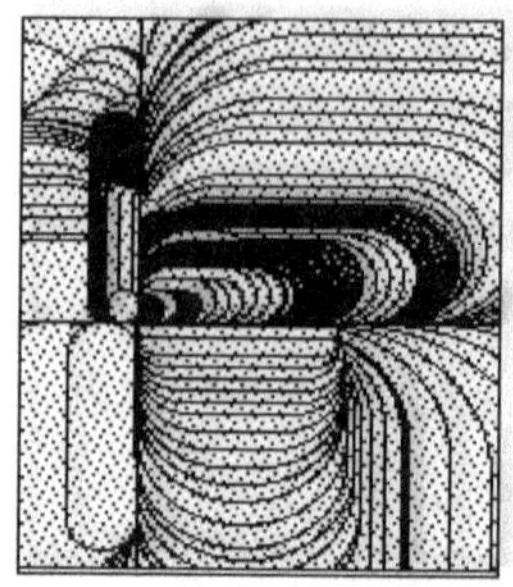

Gesang vom Aufbegehren

Verkannte Stimme, mächtige Heilerin
eines jeden lang entstellten Sehens.

Ausgetragen in das skandierende Reich
der Wortemacher von der verlogenen Gestalt,
legst du bleibend deinen Kern der Einsicht
auf das geschundene Dach der alten Welt
und hebst ab vom Kernlosen leichten Fußes.

Rode die Äcker dumpf angehäufter Finsternis
mit dem triefenden Pflug des Wahrhaftigen.
Du, Sänger Gottes, ergreife das Schwert nun.
Lehre den Sieg des neuen Bundes unverhohlen,
den der Gott deiner Mitte mit dir geschlossen
über die Grenzen des Sichtbaren hinaus,
in das Endlose deiner aufgebrachten Seele.

Sieh, Mensch, in dir keimt namenlos
eine neue Zeit unbeschwerter Helle.

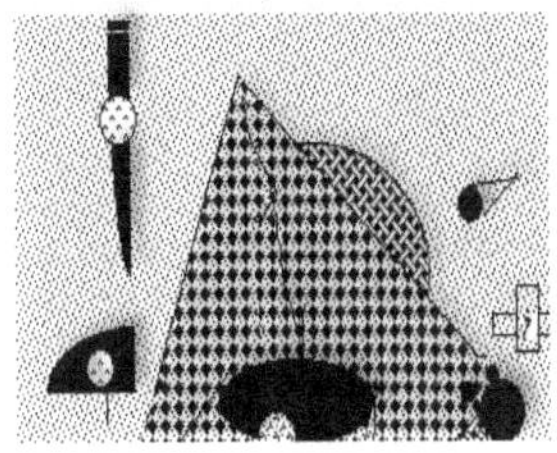

Gesetz

Kann das Wasser
von seiner Quelle,
seinem Ursprung sich lösen?

Vermag es das Maßlose
sich selbst zu umgehen?

Kann es sich selbst entsagend
noch fließen?

Kann es Frucht
in der Verneinung geben?

Der Mensch vermag Maßloses:
sich selbst dauerhaft verfehlen!

Geständnis eines Irren

Ich war ich. Leider,
nicht sehr lange.
Da haben sie mich
umgekrempelt,
verdreht, verführt,
an der Nase geführt,
bis mir unklar wurde
wie ich war, wer ich bin,
ob ich überhaupt einmal
ich war, oder schon immer
ein anderer,
ob ich erst werden sollte,
oder schon sein darf,
oder erst später.
Leider wurde alles
nur noch undurchsichtiger.
Wen wundert's!

So ging es weiter
mit dem Anderen in mir,
viel zu lange. Einmal
konnte ich nicht mehr.

Ich wollte anders rum,
oder für immer
liegen bleiben,
nie mehr aufstehen.
Von unten
ist alles viel fröhlicher.

Da begann ich zu sehen
den Fremden, in mir.
Er war sehr stark.
Er verstand sich selbst
zu rechtfertigen, in mir.
Er war geschickt.
Ein Sophist.
Einer der besten.
Dennoch,
ich warf ihn raus.

Für immer.

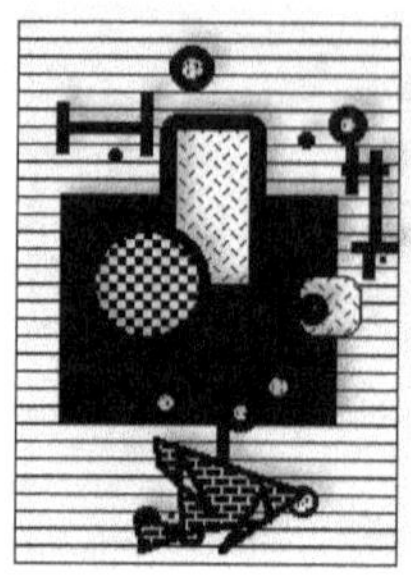

Gesuch

Gott,
du sternenbekränztes Haus
auf ewigem Grund,
das nicht ruhen
noch sterben lässt!
Schwer wiegt die Aussaat
deines zeitlosen Willens.

Wo du nicht bist, ist nichts.
Alles Sein ist *dein* Dasein nur,
dein ewiger Atem.

Wärest du verborgen
dieser Welt, sie wäre nicht.
Aber auch Leere ist schon
ein dich Erforderndes,
ein auf dich Folgendes,
ein dich groß Erahnendes
im Schatten deiner Kraft.

Dein Maß ist das Maßlose,
das in dir nur höher kann,

um zu bewahren das Geformte,
um zu lieben grenzenlos
die matte Welt der Blinden,
das Dunkel der Beraubten
mit deiner ganzen Stärke.

Lasse, Gott, mich Meißel sein
im Tempel deiner Welten!

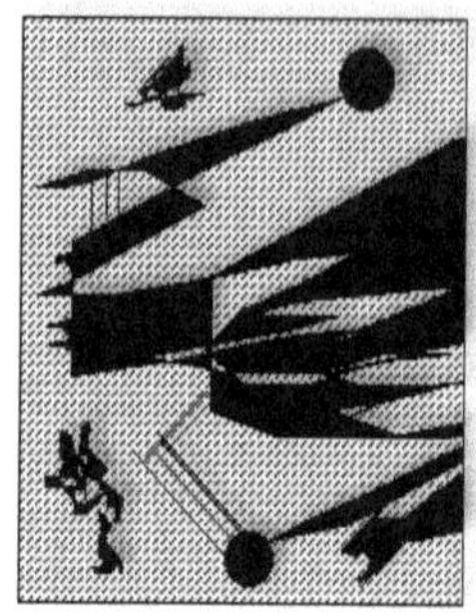

Gib

Gib der Welt dich hin,
damit dein Geist sich binde
an ein anderes Geschick
und sein letztes Ziel erfahre
in der Liebe zu ihr.

Rühre die Saite nicht an,
die ohne Wissen dich verkennt.
Du würdest nicht hören wollen,
was schallend sich auftäte
deinem unbedarften Ohr.

Und rufe nicht nach mehr,
wenn das Wenige schon
du nicht besitzen kannst.

Dein Gott ist ein Spender
erhabener Fülle im Geist.
Und herrlich ist sein Mahl
für dich angerichtet.

Der Weise gibt leichtherzig,
da er überquillt vor Glück.
Und arm ist, wer den Gott
aus sich selber hat verbannt.
Ganz und makellos
blüht dein Atem nur in ihm.

Aber, wo leben wir denn,
dass viele Leben lang
wir dürsten,
allein nach seinem Geist?

Glücksfall

Aus welchen Leben gingen wir gestillter
und reicher fort?
Aus solchen, die dem Versäumnis nah
oder jenen, die eher glatt erfolgt, also mildernd
ohne schroffe Höhen und Tiefen gelungen sind?

Ist wahrhaftiges Heil aber gerade nicht jenes,
das bindend macht, dass wir nicht bleibend
fehlerhaft ringen und der Vollendung *jetzt*
schon nah, uns bloß *nicht erinnern* können,
was wir in uns selber und darum wirklich sind:

Geist, der den Gott selber hält?

Golgatha

Blutrot die Erde
sich vor den Himmeln neigt.

Niedergegangen der Gott
in das Tal der reuelosen Wehen.

Von dir erhöht das Kniende
und sehend entließest du das Blinde.
Die Krüppel hast du zum Tanz gesandt.
Sie preisen deinen Weg, den des Erhabenen.

Mit ihm vermählt auf ewig das Reine.
In der Ferne die Finsternis dir,
du Gottgewollter, fauchend weicht!

Dem Tod Leben abzuringen,
hast du Verrat mit deinem Leib gesühnt.
Du starbst an der Absage vieler
sich selber zu sein.

Du Hirte all jener,
die sich nicht lieben können.
Du übergroß gewachsenes,
stillendes Haus, in dir
ist das Höchste Wegbereiter

und Selbst-Bejahung sein Gebot.

Gott spricht

Und Gott spricht zu dir auf allen Wegen.
Die Stille behaucht er am Mächtigsten.
Hunger drückt die Seelen nach unten nur.
Kein Klagen übertönt seinen fordernden Ruf.

Keiner, der nicht erneuert von Ihm ginge,
das Alte ablegend auf neu bestelltem Weg.
Keiner, der nicht Eigenes wiederfände
in einer randlosen, ihn einenden Mitte.

Denn heller als deine Stimme ist keine!
Nur sie beflügelt den maßlosen Geist,
sich neu darlegend in jedem Innersten.

Ewig währt der Bruderkuss des Höchsten.
Sein Wille ward dir für immer eingepflanzt.
Das Wesen aller Enge ist die Bürde der *Zeit*.
Sie umgeht der Suchende mit *Dauer* im Geist.

Kraft quillt unablässig im Kern aller Wesen.
Unverbraucht ihr sengender Quell auch in dir.

Finster lahmt der Betrogene im Schoß der Zeit.
In den Schleier des Unsichtbaren gehüllt der Gott
für den, der sein Tun an den Schein verraten hat!

Halbzeit

Wie den Winter der Bitterkeit
schadlos überdauern?
Mit Schweigen und Dulden
ersteht kein stillendes Reich.

So gehe denn folgsam
in die Gefangenschaft
namenloser Herzen ein.

Geleugnet dein Selbst
zum Vorteil anderer,
denen du nichts bedeutest.
Es ist still in dir geworden.
Sieh nur, Öde lullt dich ein!

Du, krummes Sprachrohr
in fremdgesteuerten Leben.
An allen Fronten Marktschreier
der Macht. Wie Bajonette
aufgepflanzt ihre Worte.
Sie wollen dich für *sich*!

Du lebst berechenbar
den Tod der Erlasse,
gekrümmt in der Bauchhöhle
zahlloser Versäumnisse.

Du, in die Furcht gebettet
wie ein viel zu früher Tod.

Handlungsbedarf

Fensterlose Stille ist mir lieber als ein Bauch.

Betrogene Kindheit log mir den Kopf vom Hals.
Von drüben ist mir innigeres Sein gekommen,
vom heiligen Berg Horeb, der mir ein Loch fraß
ins trotzende Maul. Ich habe ihn nie verlassen.

Ein geballter Schrei, mein Gesang dieser Welt!
Ruhe kann dieses Feuer ihr nicht gewähren.
Ich bin Wächter den Verlorenen an Pforten
tief gelebter Einsamkeit.

So kam herüber ich vom Sehen in die Enge
meiner Wahl. Ich bin kein Engel, kein Gebieter,
doch liebe den Tanz der Kräfte ich,
die mich bedrängen und wortlos mir erzählen
vom bisher übersehenen, doch mir zugedachten,
wärmenden Glück.

Heilung Christi

Von den Wunden der Erlösung
ward Geballtes mir beschert,
derweil verstümmelt sie schrien:

Zürne nicht uns! Dein Standort
war nicht falsch. Fern deinem Gott
würgt nur bleibend Hunger dich.

Deine Geschwüre sind Trotz
fremd begangener Vergehen,
die du gewandelt dauerhaft
in Versöhnung mit dem Gott.

Lasse los nun und gehe heim
in das dir vorbestellte Glück!

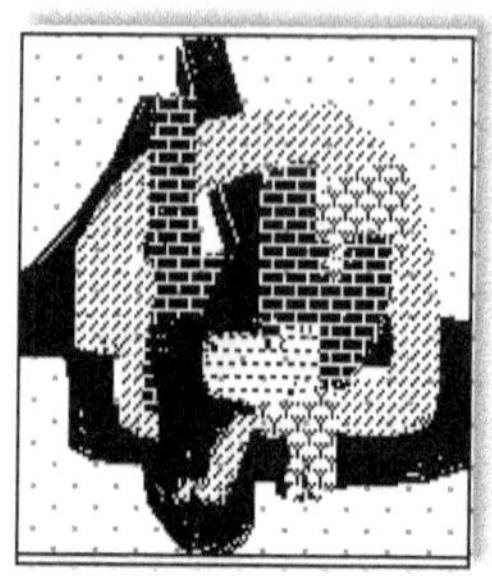

Heimat

Im Verborgenen wandeln
der inneren Welt, die spielend
alle Rätsel löst und auch singt.

Du bist ein Ferner dieser Welt,
im Schein verbrauchter Dinge.
Sie sind dein Draußen bloß,
das dich nicht kennen will.

Gleichwohl, bald wirst du fliegen
an den Türmen der Vollendung vorbei
und betreten die Stätte deiner Mitte,
die in Freuden dich nach Hause ruft.

Alle Straßen münden nur in sie.
Und keine Macht, die diesen Kern
entweihte! Gott ist ihr ewiger Hirt.

Ein jeder König, der sie begehen
und furchtlos sie vollenden will.

Heimat II

Wie wenn wir wüssten,
blickten wir dann reicher,
gestillter in den Tag?

Wo doch alle Fülle ganz ist
ohne unser Zutun,
ohne unseren Zuspruch
in einer unverbrauchten Mitte,
die wärmend und hell in Freude
alle dunklen Tage säumt.

Heimat ist allein *in* uns!

Heimat ist ein ferner Stern,

den ich nicht benennen, noch fassen kann.
Namenloses ist dem Menschen fremd,
da einverleibt dem Atem der inneren Welt.

Gehe nieder in die Räume deiner Seele
und folge den Weisen untilgbaren Glücks.
Sie driften aus dunklen Tagen in die Sinne
und führen ermattete Worte nach oben.
Draußen türmt ein Leib auf dem anderen:
Nur innen ist Himmel im Überfluss!

Aufgebraucht der Strahl der Frühe
vom Ketzerblick: Andacht, vielleicht
im Hinterkopf, nicht im Großhirn
der Blinden, die vergebens sich mühen.

Das schwarze Vlies der Lahmen thront
über den Krücken zermürbter Zeit.
Wie wäre mein Sein, Vater, nicht unnütz,
es sei denn Du selber wirktest in ihm?

Lausche deiner Stimme nur, die fern
der Menschen Worte sprießt; sie flieht
das karge Ufer der Nacht und drängt
abseits in ein Land ungeahnter Sonnen.
Doch hierzu ist Endspurt angesagt!

Damit du genügtest diesem edlen Lauf,
umschiffe die Knoten der Zeit und gehe
ohne Bedauern heim.

Siehe: Du warst schon immer *ganz*,
nie bloß Teil, nie erdachter Mangel!

Heimkehren wirst du in deinen Kern,
in das hochgeborene Leben verhüllter
Worte, wo völliges Glück Erneuerung
im geeinten Geiste ist.

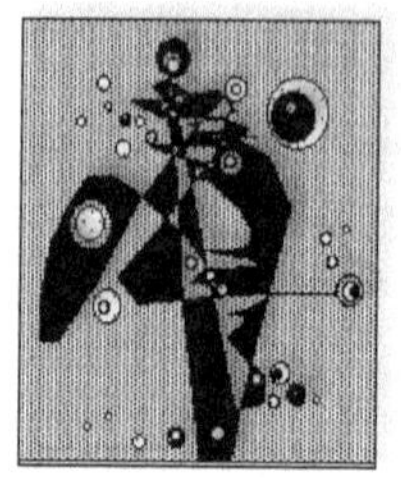

Heimat wo?

Heimat im Stein.

Raumlos verborgen
deine geballten Türme.

Ewige Stadt,
ruhelos strahlend
in meinem Inneren.

Heimgeflüster

Haus ohne Wärme,
der Fäulnis und Lüge voll.

Drinnen geballte Zwerge hausen.
Sie krächzen nach mehr Licht und Leid.

Die Nacht wird sie vaterlos umhüllen,
und die Mutter, ihre Gönnerin,
liegt wie ein Haufen der Mühen
ausgegliedert in schwerem Schlaf.
Sie wird nicht in die Liebe erwachen.

Ihre dunklen Sterne
werden nur langsam verglühen.

Helios

Und die Sonne,
euer Gott,
bricht fauchend
durch die Täler,
entfacht die Hänge
mit stählernem Strahl
und vergeudet den Tag,
ihre Fülle,
an die Dürstenden
einer neuen Zeit.

Und ihre Lippen,
ausgedörrt,
trinken unvernarbt
die alten Wunden,
die trunken im Licht
nach Auflösung rufen.
Denn ihr Tod ist Leben,
grenzenloses Dehnen,
flammender Neubeginn
im Schild des Feuers,
das in ihnen einst
ein Gott gebar.

Und sie knien nicht.
Und sie danken nicht.
Denn der Gott,
den sie bejahen,
lebt *in* ihnen.

Herbst

Abschütteln
die Last.

Fasten
ohne Schmuck.

Zehren nur
am inneren Saft,
der farblos
dünne Adern
kraus zerwühlt.

Abstand
gewinnen.

Überdauern
im kargen Land.

Fasten
in der Stille.

Herbstlied

Das Laub steht stumm verloren.
Dunkel fährt das Blätterlose
entzweiend in jeden Baum hinein.

Reich bebildert die Versunkenen.
Ihr Verlangen ist eine Saite
verborgener Melodien im Hinterland.
In diesen Gärten geht bleich
der Mond im Zitterschritt,
hin und her, prall und schwer.
Drüben liegt er aufgebaucht
und lässt tiefes Gold überfließen
in der Dürstenden, der Schauenden
ewiger Begehren.

Brachland, was ungetan.
Brotlos der Erde Schoß,
der sich selbst verneint
und buckelnd schweigt.

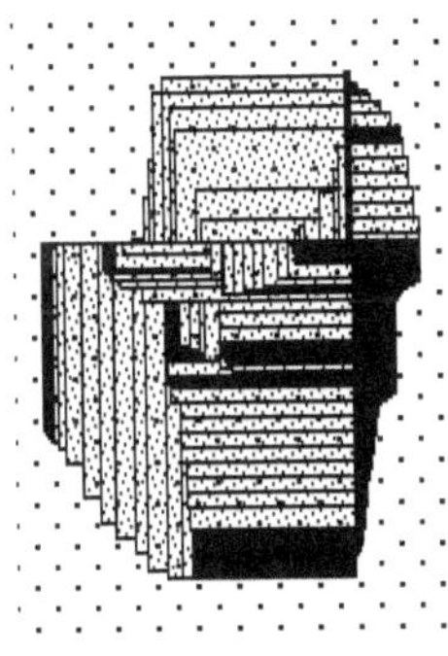

Hilferuf

Und ewig im Schoß der Blinden
rinnt mir die Seele aus. Ich besaß
sie nie.

Nehmt mein Leben mir nicht fort.
Es will altern und hat keine Ruh.
Es will sich selber geben und hat
doch zu spät erkannt, was es einst
so leicht verspielet hat!

Gib du ihm eine Weile, damit es bleibe
und nie mehr krankt.

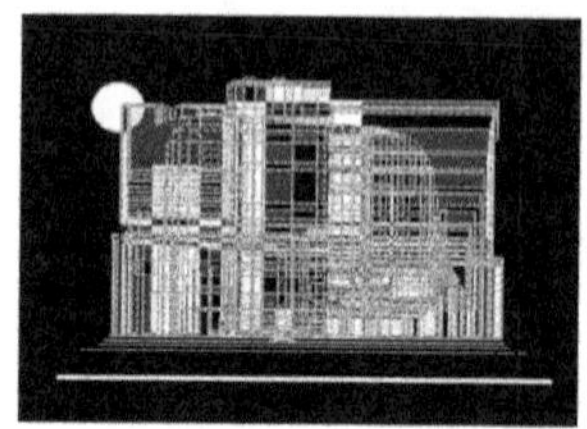

Hint

Not eaten, but yet digested
are words of bare wisdom.
Their shield of purity shapes
a world beyond understanding.

No moon leads devious thoughts home.
That way must be found on a virgin island,
far away from rules of convenience.
We like to deal with approved illusions.

So, go farther and strike science down
from the forbidden tree of knowledge
lost somewhere in a burnt valley
and marked since the dawn of mankind.

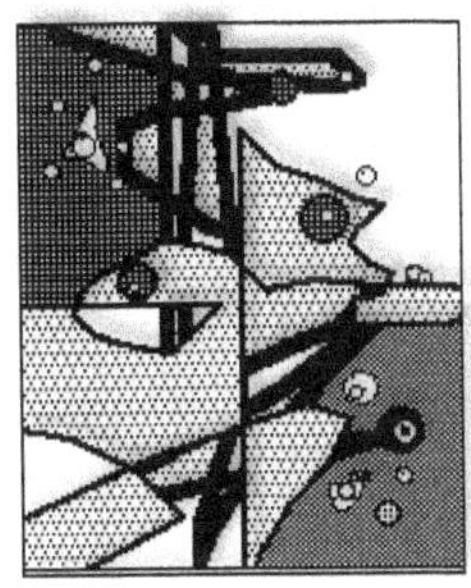

Hohelied der Nacht

Wahllos das Wohnen der Knechte.

Sie nehmen sich selber aus
in einem Kleid sonderbarer Würde,
das viel zu eng und hohl drapiert,
hastig nur den eigenen Schein bekniet
und kampflos ins Vordergründige
sich beugend sehnt.

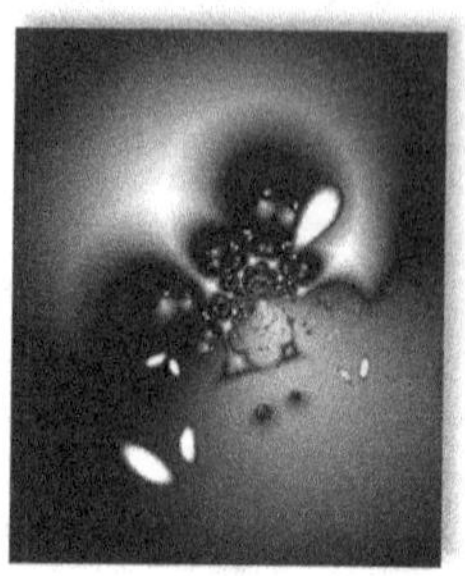

Hohllaute

Die Angst zur Freiheit
gibt es noch
in stummen Bürohallen
und lackierten Chefetagen.

Verunstaltet das eigene Vermögen.
Seelenhunger im Verborgenen.
Krankheitsbilder von morgen
in Vorbereitung.

Verlogene Akzeptanz
des Unannehmbaren.
Heuchelei am Selbst.
Sternstunden des Blindseins
mit Dornenkranz; sie bluten.

Und so geht es anders:
den Bückling abschreiben.
Nach Dehnung dich heiser schreien.
Vom Atem der eigenen Stimme leben:
Nur noch so, für immer!

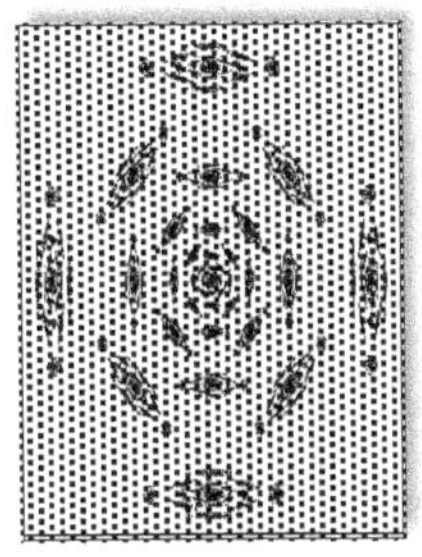

Homme

Homme, tu me fais peur.
Quand tu prendras ma vie,
prends-la en douceur.

Homme, tu me fais mal.
Quand tu saigneras mon cœur,
mets-le où jadis des arbres ont fleuri.

Homme, ne dis plus rien.
Tous les mots sont vains,
tous les gestes démodés

pour celui qui ne sait aimer.

Höre nur!

Es gibt Wälder, die anders rauschen,
als wollten sie dir zuflüstern
wie in einem überreifen Gebet,
das viele Leben begleichen kann und mehr.

Sie wollen dir nahelegen,
leise, ohne Beben oder ähnliches,
dass du mehr bist als alle Sinne
dir jemals zeigen können.

Höre nur! Sie kommen lange schon
und immer ein Stück näher,
ohne Rast und Ruh. Höre!
Sie erzählen von gewaltigen Gestaden,
die beängstigend nah an *deinen* Füßen liegen
und von schäumenden Meeren, deren Frucht
du immer wieder selber bist.

Lege deine Arme nur um diese Erzähler,
damit du endlich erfährst, wie reich du bist!

Gib dich nur selber immerfort
und empfange den Bruderkuss,
der stärkend alle Endlosen berührt:

Führe dich selber zu ihnen.

Höre Zion,

schon dein Glanz ist dieser Welt ein Frevel!
Der ganze Gott erst recht ist ihr zu viel.
Ihr reicht billigster Abglanz des Ich,
derweil Bitterkeit die vom Licht Getrennten
nur noch tiefer fallen lässt. Der Mensch
wurde sich selber fremd, verschollen im Groll.
Krallend müht er sich ans Licht, verhöhnt
das Reine in einer peinlichen Selbstschau.

Die Menschen legen ihr Streben in tote Dinge.
In selbst bereiteter Öde frieren sie am Rande
vom Nichts. Und kein Denken kann je stillen
ihren alten Durst! Nur der Klausner, geächtet,
entrinnt entweihtem Leben, einer vom Geist
verlassenen, vom Tode besiegelten Schau.

Makel und Kümmernis sind dem Menschen
einverleibt. An den Ufern von Tränenmeeren
geht Merkur leer aus. Der Höllenhund verpasst
seinen Auftritt: zu viel Sterben nahm ihm jede Lust.
Und der Fährmann will nicht mehr über den Styx:
drüben ist es nicht zwingend misslicher.

Wie also den Tag neu begehen und Frohsinn
einfahren im Tal der verwirrten Seelen?

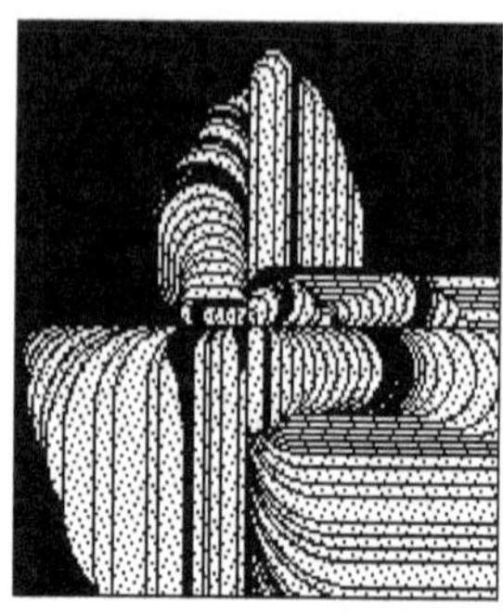

Horus

An dir winden sich alle Geschlechter
hinauf in ehernen Schächten zu Sternenräumen,
die einer eigenen Dunkelheit geweiht.
Fürsorglich währen der Ewigen Gelächter.

Die Schlacht aber wird nie geschlagen sein!
Am Abend fährt übermächtig aus schwarzem
Kasten federnd immer wieder dieselbe Sonne auf.
Im Stahl geblendeter Krieger rasseln nadeldünn
die Klingen, blutrot in einer fremden Qual,
tief im eigenen Angesicht. Der Tag muss groß sein,
aus dem die Nacht diese Sonne gebar!

Um davon zu zeugen, musstet ihr, die Suchenden,
alles verneinen, was ihr einst selber wart!
In euch wird vieles wirr und dunkel fortdauern,
solange ihr nicht erkennt den Wurm, den ihr selber
nicht gezeugt.

Hungerland

Was entbehrst du mehr
als den Frieden *in* dir?

Kriege sind alle leid.
Sie haben versagt.
Schmerzen aber wachsen
in das abgegraste Land.

Bald werden die Wolken
ihr Weiß unausstehlich finden
und der Baum wird sein Laub
zu früh abschütteln.

An den großen Kathedralen
wehen die Götter stumm vorüber,
denn ihre Bauten, gewaltige Heiligtümer,
leugnen sie! Turmraben heben
aufgescheucht das Gefieder,
da sie vor etwas Schrecklichem
fliehen wollen.
Sie können es nicht deuten.

Noch ehe der Tag die Nacht
mit blechernem Klang eingeläutet hat,
funkeln an den zugeschütteten Weihern
die Wasserlachen ein letztes Mal
wie Platin vor der abgedunkelten Sonne,
und ein irres Lied wird wie ein Kabarettstück
beginnen: Es war einmal.

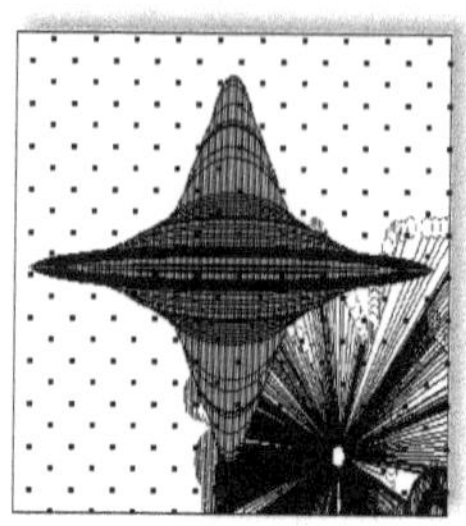

Hungerland II

Du liegst aufgebahrt
im Sog der Schwachheit.

Kleingeist führt immer
an den Nabel der Nacht.

Der Mensch ist tot,
weil er den Gott seiner Mitte
nach außen hat verbannt.

Ganzheit geleitet den Geist
in sein Urland zurück.
Bald entbehren wir genug,
um es zu vermissen.

Umkehr mündet leicht
in ein Schlachtfeld,
wo taube Rosse aus
Versäumnis sich schlagen.

Herr, lasse du mich
Tempel deiner Fülle sein.

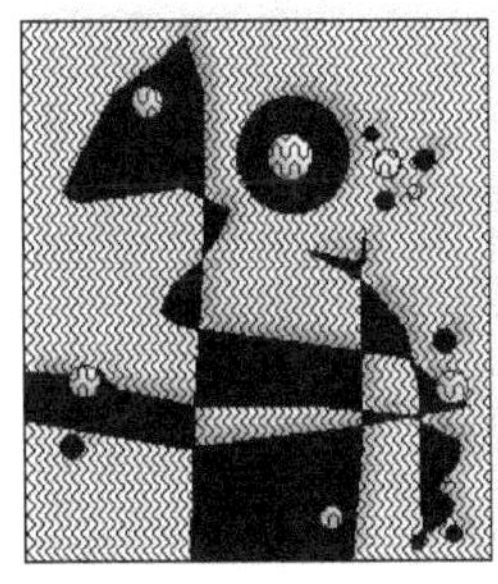

Ihr hohen Engel

Euer Schild ist der *ganze* Gott.
Nicht aus Willen, aus Licht
geboren seid ihr das Seiende
im schalenlosen Kern.

Euer Geist rührt an das Höchste.
Schönheit ist euer tiefster Klang.
Hell die Kraft der Vollendung
im Anflug einer neuen Zeit.

Standhaft im Licht reift ihr
in den Sphären der Allmacht
eurer Deutung endlos entgegen.

Ihr großen Gebieter im Geist,
wohin stürben die im Fleische
Festgefahrenen, wenn nicht
in neue Leben alter Versäumnis?

Ikarus

Rühren wollt' ich an die Sterne,
schauen der Sonnen Glanz,
entzünden Licht im Dunkel,
aufspüren den Gott
in den Winkeln der Leere.
Allein, ich verbrannte mir das Haupt
an diesem schrecklich Schönen!

Im Du

Traumland im Inneren.
Dem Seitenhieb entwichen,
um ihn herum.

Verpönt die Stimme,
verbannt in den Hain
verblasster Früchte,
die ihren Durst nicht
löschen; es sei denn
sie stürbe entsagend,
entbehrend und friedvoll
in Eigenes.

Im Fluss

Umtost vom Ruhelosen, das nie begonnen,
begrenzt vom Sagbaren nur, stoßen tausend
Krieger zerwühlt an fliehendes Land, das in
zu geringen Tiefen nach Fülle heischt.

Ausgelöscht die Anmut viel zu enger Hirne,
die nutzlos in welken Gärten brüten.

Irgendwer eingestimmt auf das Unberührbare,
das an steinalten Gattern mit Ehrfurcht sinnt.

Verwundbar das Reine. Es hat zu viel erkannt
und daher anderswo nach Erlösung schielt.

Nur erahnt das Ferne, nie wirklich berührt.
Von Flügeln umbraust, berauscht der Turm,
der immer höher will nur sich selber sieht.

Verloren die Sinne bleibender Anmut an dünn
belaubten Hängen, wo sie bloß Leere ertasten.
Ihnen steht das flirrende Reich des Geistes zu.

Verpönt der Schrei nach der *ganzen* Fülle.
Er wird auch weiterhin ungehört bleiben.

Empfangen im Tal der Gestirne das eigene Antlitz,
das unendlich gedehnt seine Schatten ewig wirft.

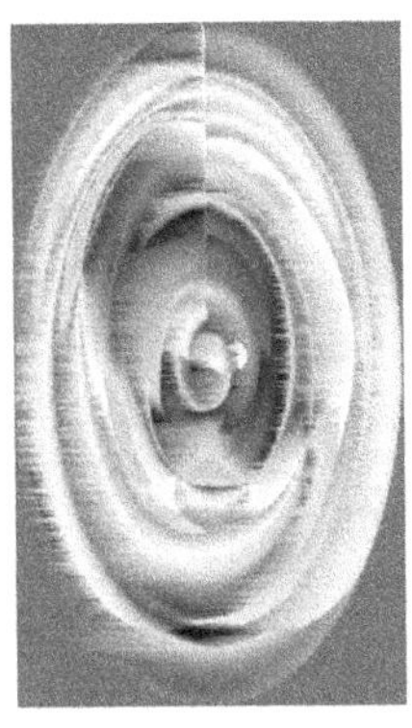

Im Nachhinein

An manchen Stunden zerbricht die Zeit.
Sie zerfällt in Augenblicke,
die aneinandergereiht wenig hergeben.
Es sei denn, sie wären breit
und könnten springen über den Steg,
über krumme Brücken an trübe Ufer,
die vorgegaukelt, nicht wirklich sind.

Und niemand würde es wundern,
wenn in solchen Stunden feine Stimmen
ein Loblied hinauf in das Ewige führten,
wie ein Hirte aus dunklem Tal seine Herde,
und sich ergriffen fühlten wie in Jugendtagen,
als die Mutter in weiß gehüllt nur zögernd
ihre Hände gab und daher nahm:
Zeit, Wärme, ein Leben für sich, ein Leben
sich nicht dehnen, noch erheben ließ!

Aber, wie gesagt, solche Stunden
abbezahlter Zeit tragen nicht weit.

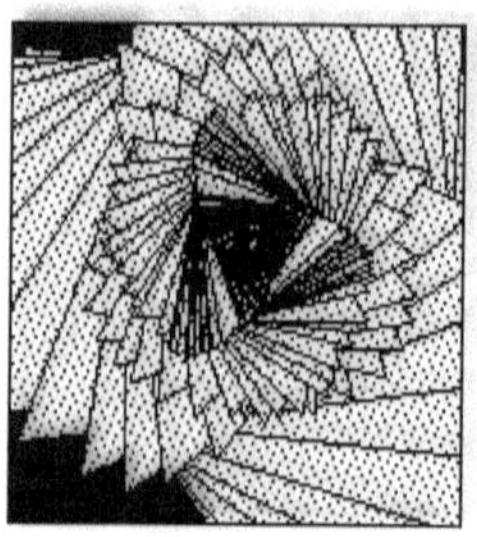

Im Turm

Von oben kam kein erhellendes Wort.
Nur Stille war dort an die Mauern ewig gemalt.

Es hätte nicht viel anders geklungen,
wäre es hier unten geschehen,
unter den prallen Dächern der Stadt,
die nicht sieht, noch fühlt,
mit allen Sinnen berechnend spielt
und im Spiel sich selbst betrügt,
spielerisch die gereichten Messer schleift
zum alles verschlingenden Mahl des Geistes
und dafür jede Hürde nimmt, nur nicht gibt,
keine Mühen scheut und jede Tür
hinter sich viele Male offen lässt.

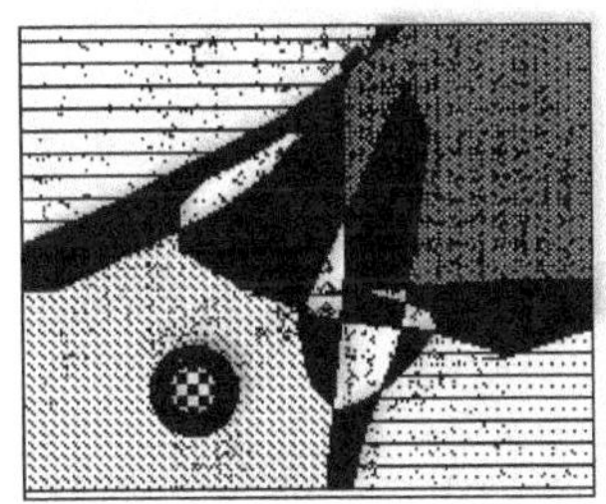

Im Uhrenhaus

Brüder der Zeit,
uns ward aufgetragen zu verstehen.

Weitab vom Nebelhorn kam der Ruf,
von innen. Mühelos brach er in die Zeit,
unbeachtet von blinder Wissenschaft,
die ihren Gott der Sinne voreilig
aufs Podest erhob! Dort lallt er mundlos
und tot, abgehängt von gestutztem Willen.
Seine Uhren gibt es nur in seinem Geist.
Sie sehen nur, was sie sehen wollen:
darbende Vergänglichkeit.

Baal, deine Zahlen wurden leblos gebildet!
Keine Auferstehung in deinen Zügen.
Kein Jüngster Tag in Sicht.
Gespensterhaft dein kurzes Eigenleben.

Nichtig und flüchtig alles Wissen
im zermürbenden Rad getakteter Zeit!

Im Wandel

Verstreut in den Zeiten, unbeachtet,
ist es um die Verkünder still geworden.

Fügsamkeit an das Lichtlose atmet tief
verwurzelt in uns, dass wir nicht lassen
wollen von seinen schrillen Geschwüren.

Doch ward diese Welt nicht genug gedrückt
von Zwist und Furcht, dass wir noch immer
uns selber ärgster Richter und Henker sind?

Die innere Welt ist reich an Wunderbarem.
Allein in diesen Höhen leben, vermag nicht,
wer nicht alle Bedenken zuvor in sich getilgt!

Zum Lichte heben nur die Befreiten,
die sich frei gerungenen Späher, alle,
die den Wandel sich auch *zutrauen*!

Und das genügte schon zu ihrem Glück.

Im Zwischenreich

Sieh, die Laterne ist ein Pfahl im Blinden,
der kraftlos sich aufrichtet und prahlt,
er hätte am Sehen sich aufgetan!

Humpelnd der Tanz entflohener Götter.
Sie triefen wie Ungeborene und rauschen noch.
Ihr Flug war lang, dennoch entbehrlich.

Draußen, in hungernden Gärten der Tag.
In Ballast getaucht sein Gähnen am Gegebenen.
Es reicht nicht aus. Es stillt nicht. Es ist wie Schein
verkohlter Feuer. Sie wärmen längst nicht mehr!

Gnome sind die Lebenden,
aus wirren Träumen aufgescheucht.
Ein Jahrmarkt endloser Eitelkeiten
an dämmernden Straßen.
Reue erwacht in billig erdachten Lokalen.
Sie treibt die Schuld, ihr Zwillingskleid,
in finstere Gassen.

Genug, ihr Söhne freudloser Taten!
Gebt euren tieferen Klang den eigenen
Saiten *verwandelt* zurück.
Gereift die Ausgeburten dumpfer Seelen.
Sie kommen befreit und singen neu.

Immer

Pralle Monde
schöpfen ihr Licht
aus verklumpten Sternen
und füllen mit Anmut
ihr Verlangen
nach Ewigkeit.

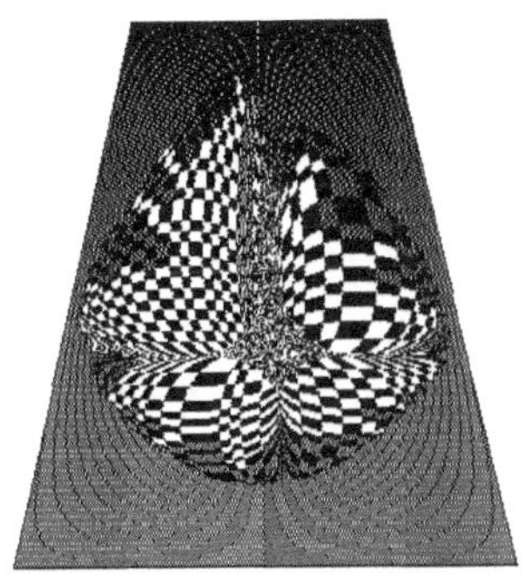

Impuls

Nach innen ausgebaut,
Du,
ist auch dein Draußen
immer nur
umgestülptes Selbst.

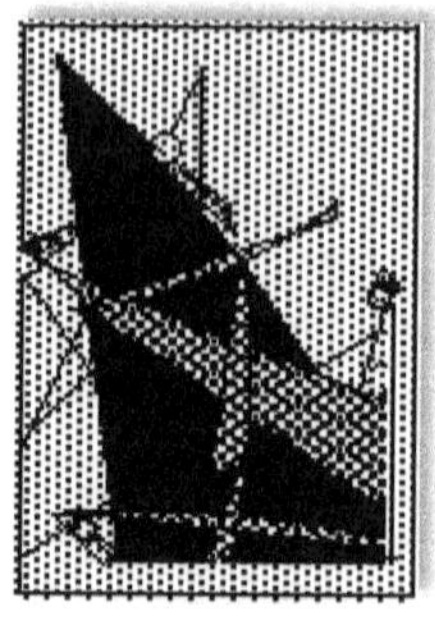

In der Stille

In der Stille
ist der Mensch
ein Größeres.

Könnte er schweigen,
er wäre ein Gott
vor dem Anbeginn.

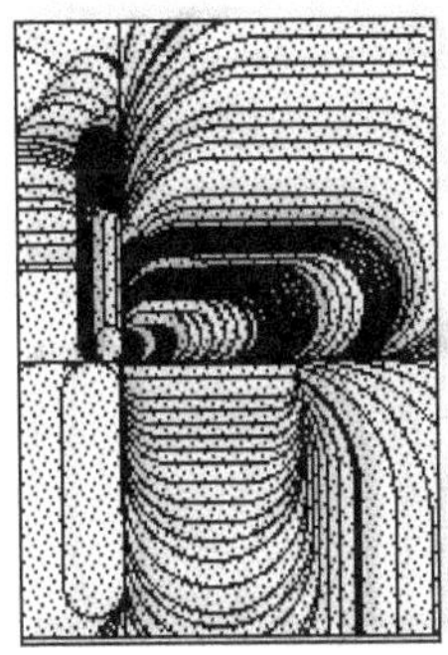

Inborn island

What man would not agree
that truth is an inborn island,
waiting for holy times patiently
in an armor-plated land, deep
inside faith?

Manhood ignores fortune
implanted in a splendid shrine,
yet invisible to profane eyes
that prefer rather the shade
of seeming and idle things,
touchable to a narrow mind
that cannot gaze beyond the
bounds it built itself in time.

Man's debts are terrific needs
longing for bloody flesh and evil,
carved into stirring eyes that mirror
glacially the staggered shadow
of a misapprehended genius.

Thus, a monument is not erected
to man, not honest enough
to recognize doom in the spanking
garment he daily wears with pride
and fear, haggling veracity to retain
painful benefit in his trifling belief.

Man inflicts pain with endurance,
trampling the puny bones, he peeled off
with iron and steel in the dark ages
of his grim mind. Hence, postponed
is salvation for the purpose of dullness!

I remember a different spirit though
hidden in the gloomy kingdom of might
where an unseen god is rambling
amid consumed fields rising quietly
from the ruins of man's yearning
in the dawn of a new fate without
dread and vicious thoughts.

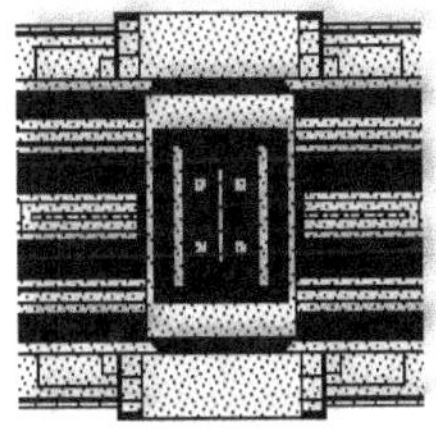

Innenflug

Künftig sein im Vergangenen.

Mit brennenden Flügeln reisen,
nur mit Wissen im Nacken, ohne anderes Gepäck.
Greifen in das Gegenwärtige
wie in einen Raum der Zeit, der gedehnt und breit
sich jedem gibt, der ihn zu bewohnen weiß.

Mutlos und angelehnt knien die Verschlossenen
und wollen doch geöffnet sein und singen.
Sie warten und betteln noch.
Jemand möge sie aufreißen mit entblößter Kraft.

Ein Verlies, die Gewächse steinalter Wehen,
die am Lebendigen reifen, es befallen und
beschneiden.

Nur im Hinterland drängen lohnendere Ziele
in einem neuen Glanz
und im Wissen um das Kommende,

das sich selbst genügt.

Insoumis

Je suis le bâtisseur de mon âme,
emporté par un Surmoi indomptable
qui me guide au-delà des temps.

L'Inconnu est mon frère le plus proche,
moi, le grand prêtre de mondes invisibles.

Je suis descendu aux enfers du Moi.
J'ai vu le mal de l'inconscience
matraquer le savoir. J'ai vu les cieux
pleurer sur l'homme sans pouvoir le guérir.

Mon être est habité par l'Éternel.
Le Sacré est mon centre: l'Âtman
de mes origines aux confins du possible.

Toute borne est offense pour l'esprit
qui se tord sous le joug de l'infâme.
Demain, il sera roi dans un monde refait.

Moi, l'insaisissable, l'insatiable,
l'annonciateur de mondes sans visages,
je ne prends qu'un détour ici-bas.
Énergie je suis et bien réel au-delà!

Nulle limite ne m'habite. Nulle enveloppe
qui me retienne. Mon Être est plénitude
au portique d'un savoir immortel.

Internierung

Runen gleich gestürzte Engel
am hohen Schrein aufgewühlter Seelen.
Schattenhaft ihr Mahl. Nie zu Ende gedacht.
Vollkommene reichen nirgendwo hin.
Und tiefer ist schon Atemnot.

Anstalt-Geflüster im niedergegangenen Schoß.
Wände bleich ineinander gebückt.
Klienten auf den harten Gängen. Sie wollen
alle zurück.

Übertrieben feine Stimmen in den Zimmern,
Neugebärer eines neuen Glücks.
Und irgendwo daneben einer,
der gestillt sein will
mit festerem Sein in geschwundenen Adern,
mit reicheren Tränen aus entlegenen Tagen.

Auf den Fluren ist die Luft so still.
Sie will
entfliehen,
entgehen

den Pranken der Wächter im reinen Kleid,
den Schürzen der Schlächter im Ausbruch
uferloser Seligkeit.

Rau die Hirne, aufgeschlagen in tieferes Sein.
Sie darben *oben* lilienrein.
In Augen, die lose ins Haupt gedrückt,
läuft entsetzt ein gefallener Stern
weitab in die Unendlichkeit.

Keiner, der entlastend Lieder singt.
Keiner, der noch einmal träumt.
Keiner, der sich selber je vergessen kann.
Keiner, dem Tränen Freude sind.
Sie wollen alle wieder fort.
Sie wollen in ihre gläsernen Welten
rückhaltlos zurück.

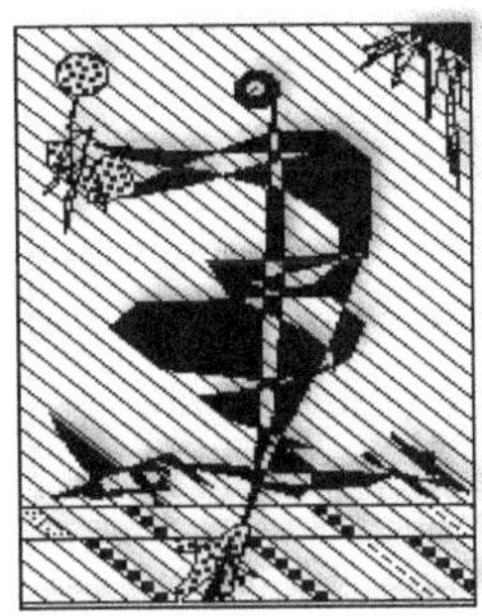

Ist Wissen Trunkenheit

Wie, wenn ich in dir verlöre mich,
Geist,
was geschähe mir, was würde ich?

Könnte nur ferne Himmel ich schauen
in deinem Glanz und meine Leben dir
kunstvoll wie Kränze zu Füßen legen,
damit meine Seele einst Frieden gibt!

Heimat keimt nur in dir, Geist,
du großes Haus zeitloser Fülle.

Dass du mich bezwingen kannst
mit der Kraft des Allgeeinten,
ich zweifelte nicht an deinem Griff,
der alles Irdische maßlos biegt
und im Feuer ureigener Stärke
erstarrtes Leben neu erhöht.

Ist Wissen Trunkenheit, von der
die Seele nie mehr wiederkehrt?

J'ai vu

J'ai vu l'aurore
étreindre la terre,
lever dans ses entrailles
quelque grand secret,
arracher aux bas-fonds
d'immondes carcasses
pour les brûler,
au petit matin,
à tout jamais.

J'ai vu la terre
s'accorder à l'au-delà,
expulser de ses demeures
des démiurges vieillis,
accueillir d'autres messagers
plus forts et plus téméraires.

J'ai vu rougir l'horizon
de soleils sans fin,
d'étoiles en ivresse
et se refermer des crevasses
sanglantes et désuètes.

Et j'ai vu l'homme renaître
d'un passé lointain,
d'un avenir trouble et pitoyable.
Et j'ai vu l'homme assumer
sa seule, son unique destinée.

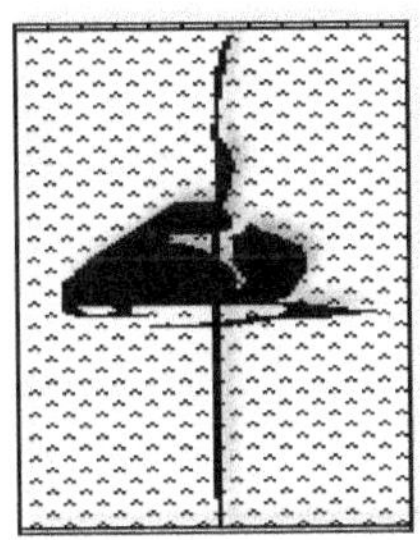

Jagd

Wir besitzen nicht,
häufen nur an, Dinge,
kein Wissen über sie,
bleiben draußen,
ewig im Hintertreffen.

Ein Feuer der Unruhe
peitscht unsere Angst
wie Knoten vorwärts.

Wir,
die Jäger und Gejagte.

Wir,
die Beute unserer Beutel.

Wir,
die alten Heiligtümer.

Umkehr nach innen,
und das Außen ruht.

Joch

Sieh hin, du bist
nicht ganz!

Nie warst du
ohne die Schmiere,
die schon
deine Wiege zerfraß.

Um dein Fordern
ist es still geworden.
Nur ein kahler Hort,
dein Raunen im Ofensessel.

Abgefertigt stehst du
am Frühstückstisch.
Schon ist der Morgen
nicht mehr dein. Er gehört
deinem Arbeitgeber,
dem Seelennehmer,
für eine Handvoll Brot
am Zahltag,
der nicht kommt.

Du wartest. Deine Tage
wurden zurechtgestutzt,
nicht nach deinem Bilde.
Austauschbar kniest du
auf der Waagschale
des Versäumten.

Sieh hin, du bist
noch nicht geboren!

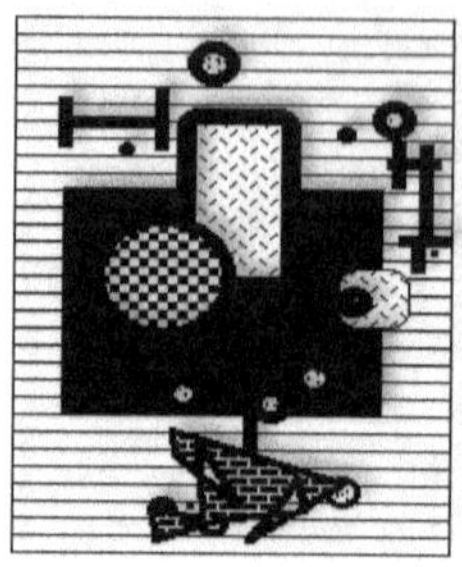

Jours de lumière

Jaillissant de la grâce seule,
toi, mon nouvel être,
tu prends en moi la relève
sur l'empire des ombres.

Et mon voyage est lumière
désormais.

La voix la plus simple
aspire au chant du cœur.
Des parfums exotiques
se lient à des larmes de joie
quand l'errance a fini.

L'univers entier renaît
en celui qui s'est retrouvé.

Et je tends la main à la sève,
ce guide prolifique en moi
qui me montre les rives
de mon origine en toi,
Dieu, le Un en nous.

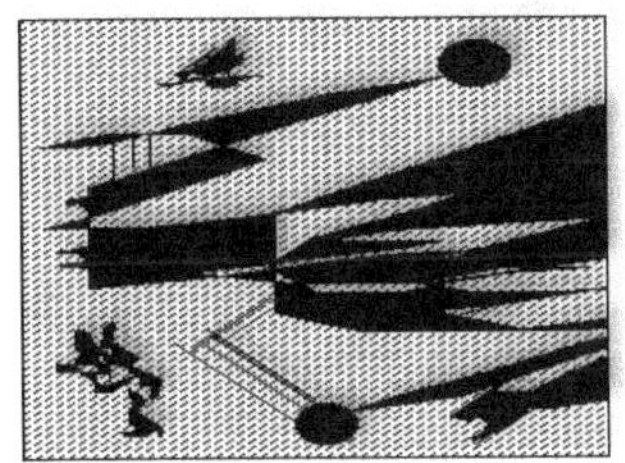

Jubilation

Il y en a des espaces hallucinants
d'où personne n'est revenu de son plein gré,
d'où des ailes étranges sont venues te saluer,
te rappelant ainsi ta propre exubérance.

Il y en a des terres avides de joies
qui harcèlent ton âme et enfin l'emmènent
dans l'immensité d'un azur assoiffé, puis
la rendent à ton corps pétri, mais purifié.

Il y en a des secrets au cœur des mythes
qui longent des cavernes taillées par des anges
en fureur et qui regorgent tous les vices
et reconstruisent pourtant des sites disparus
depuis l'aube des temps.

Il y en a de vastes landes aux multiples faces,
aux soifs incommensurables et où l'extase aligne
des fétiches archaïques et de volupté sublime.

Il y en a de tels secrets au fond de toi.

Karma

Dass die Schwestern der Fügung,
Besorgnis wie zottige Fäden spinnen
und diese den Dahindämmernden,
einem eisigen Schmuckstück gleich,
um den aufgeriebenen Hals legen
und sorglos mit ihnen verketten,
obliegt nicht dem unnahbaren Willen
eines zürnenden Gottes, ist nicht
Gebot des Unabänderlichen, sondern
reift gewollt in selbst veruntreuten
und vielfach aufgeschobenen Leben.

Rückblickend war dennoch nichts umsonst.

Kein Schmerz hat vor dem Aufstieg Bestand.
Der Weg nach innen ist ein blühender Garten.
Seine Früchte stillen jeden Hunger.
Seine Brunnen laben den Heimgehenden.
Von seinen Höhen streunen zahme Tiere
in die verknoteten Gassen der Finsternis,
wo Blinde das Blindsein prahlend lehren.

Wer aber hätte die Antworten auf *alle* Fragen
in sich selbst vermutet?

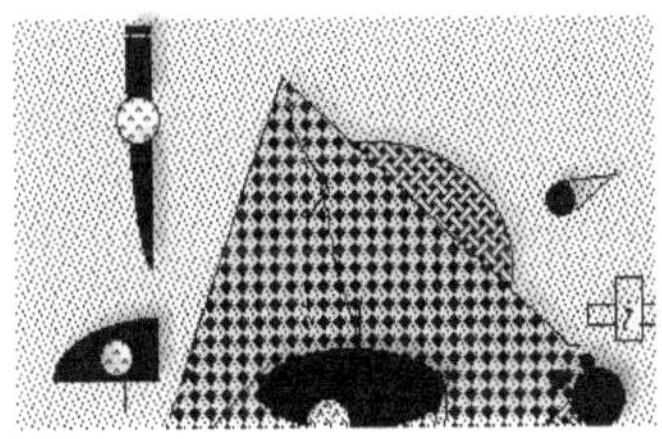

Karma II

Abtragen die Furcht,
die alles Lebendige beugt.

Erinnerung hautnah gefangen
im Ich der erlernten Schwäche.

Klaffend die Jahre, sterbend
im Fluss tosender Zeit.
Nach Erlösung heischend
die Taten eiliger Leben.

Verhängnis lauernd
an der Peripherie des Geistes.
Tiefer eindringen ist angesagt.

Ausgesetzt ist nicht ausgestanden.
Neuer Sprung im neuen Kleid.
Trifft er diesmal ins Schwarze?

Unstillbar die Seele, die nicht weiß.

Kathedrale

Türme, die *in* die Zeit gestellt,
ziehen willenlos im Gespann des Erlaubten.

Nur dein Gesang ist vollendet,
da er keiner Krücke bedarf. Raumlos
steht er und fällt nach innen.
Im Mauerwerk aber seit Jahrtausenden
der Allmächtige schläft.
Nur ausgedacht seine übergroße Hand,
die in dir, du Dom des Entweihten,
in die Leere greift und weint.

Dein Vermächtnis liegt nicht
im Bau des Irdischen, der hinkt.
Deine Stärke reicht weiter
ins Seiende, ins wahr Geborene hinein
und blüht dort.

Hier jedoch, an diesem steinernen Ort,
wie könnte hier dein größeres Maß gedeihen,
das nach allen Seiten hin kreist und reift?
Hier, an diesem Ort des stolz erbauten Sterblichen,
wo könnte hier Unsterblichkeit eingegangen sein?

Der Acker von dem du nimmst, wurde nie bebaut,
seine Saat nie gesät.

Kathedrale nach innen, wachse du!

Kelch sein

Reifen, nur ganz.

Kelch sein dem Dürstenden.
Aufrichten das Kniende.
Wunden schließen.
Ruder sein dem Zweifel.
Aufwühlen die Starre.
Unterschiede befrieden.

Nie gibst du von dir zu viel.

Kernpunkt

Reifen lass in mir den Mut
zu *meinem* Leben, Gott,
du großer Geber in mir.

Nimm mir die angelernte Last.
Nimm sie mit in deinen Schoß,
aus dem du die Welt entfachst,
die du erdacht aus Liebe.

Reich die Stätte meiner Seele.
Unberührt ihr bleibendes Wirken.
Das, von dem du mir hast abgegeben,
will wachsend in dir weiterziehen.

Gib Gott, dass ich mich selber liebe!

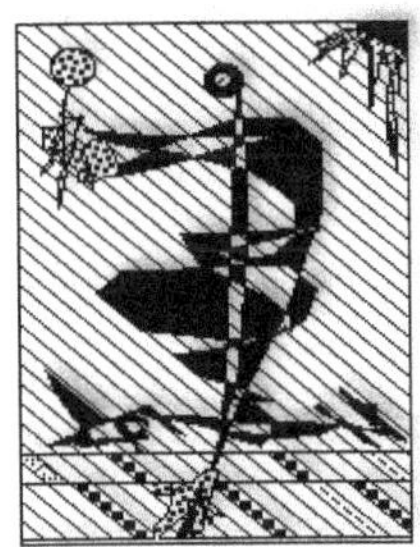

Kind

Deine Hände sind Falterflügel,
nach innen hell gebogen.
In die Ferne will dein Sinnen,
zu den Sternen ohne Wiederkehr.

Deine Augen sind Lichterkugeln,
Kristalle verschlungener Wege,
die über die Ränder weitersehen
und eignen Klang bejahend wählen.

Dein Mund ist auch ohne Worte klug.
Mit deinen Lippen schwingen
unausgesprochen tausend Figuren.

Keiner begreife, was du im Innern
nicht schon immer wusstest!

Du bist das Ganze, vieldeutig
und grenzenlos wie der Anbeginn.
Du bist Stille, Sturm und Wandel
und für viele dunkle Tage Fackel,
das einzige Licht.

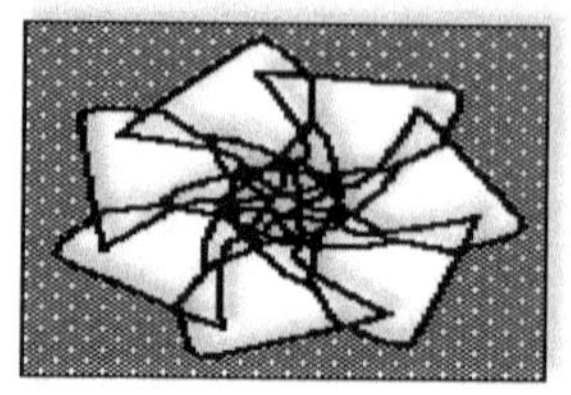

Kirschblüten

In der blassen Sonne
tropfen Blüten wie Schnee
auf den Wiesengrund,
der noch unberührt vom Jahr
fragend sich öffnet und will.

Er will die Saat
zur Frucht hinführen.
Er will sie sprießen sehen.
Er will dem Ruf genügen,
der uralt in seiner Scholle singt:

Leben will Leben.
Sein will sich weiten
über alle Hügel und Dunkelheit.

Leben will Leben.
Sein will endlos sich weiten.

Klagelied

Fernab von jedem Treiben,
in fahlen Hinterzimmern
verklumpter Monde,
hältst du dich umsonst
versteckt vor den eisigen
Schlägen eines zürnenden
Engels, den du,
einem Steh-auf-Männchen gleich,
seit Äonen von Erdenjahren
immer neu gebierst.

Wenn er an deine Tür pocht
und dich fast lieblich auffordert
sich ihm erneut zu stellen,
dann trittst du zögernd nur
aus dem Dunkel deiner Einsamkeit
in den ungleichen Kampf

mit dir selbst.

Klimmzug

Begangene Höhe,
unbenannt in jedem Stein,
namenlos in jeder Scholle
aufgewühlter Erde.
Bestellt ins Zeitlose.

Siege lasch errungen.
Im Morgenrot
wieder abgestreift.
Äcker der Früchte
vom Zögern überrannt.

Drängende Reiche,
verschlungen mit dir
wie endlose Pfade,
wie geballte Omen,
für immer ohne Grund
in zeitlosem Anbeginn.

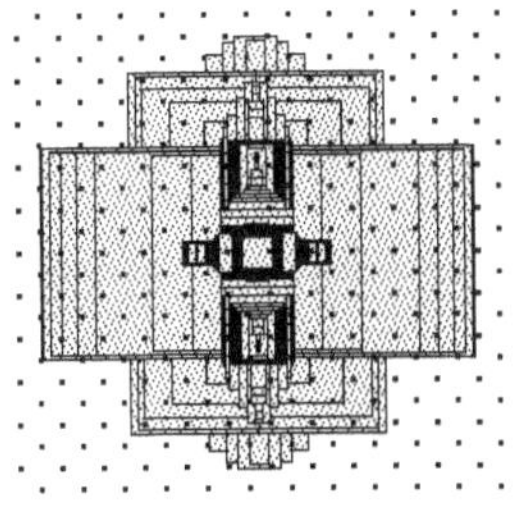

Köder

Ruf mir nur zu,
Drangsal im Stillen!

Dir, du saugender Firnis,
ist alles entsprungen:

Unvermögen,
Unfreiheit,
Unfrieden
und

Wissen.

Lacrimarum Valle

Ich sah hinkend ein Trugbild in mir wohnen.
Es sang vom Widerwillen verfinsterter Reiche,
von verbotenen Früchten, die trotzend reiften.
Und ich war in ihnen; und sie in mir.

Ich stand an krummen Pfaden der Erleuchtung.
Sie brannte fauchend mir ein Loch ins Haupt.
Ich sah wie gebrochene Sonnen kalt verglühten
und den kahlen Hort an dem einst Freude war.

Und ich sah getilgt alle Sünden als klaffende
Wunden offen! Verflochten ihre Wege: sie eilen
nach innen. Fürchterlich die Rufe der Parzen,
die mich umgreifen und denen ich entspross!

Vermummte Mächte sind meiner Stiche Quell.
Sie sind die Schwärze aufgedrängten Fühlens,
die Splitter ausgehöhlter Dunkelheit, die aus
Tagen Nächte, aus Freuden Trauer erschaffen.

Hört ihr Schmerzen! Wessen Rächer seid ihr
die Waffen, die schräg klingend mich bedrängen?
Fort ihr Tränen, die Verhüllte auf meine Lippen
hafteten, als seien sie Helfer auf eisigem Grund!

Land des Pan

Dein Atem, Pan,
behaucht die Ebenen.
Jahrtausende alt
die Rufe der Erde.
Unsterblich
ihr Wille zu werden.
Töne leichten Fluges
über den Tränen,
die behangen vom Regen
nach unten ziehen
in die Täler der Wehen.

Gott Pan der Lüfte,
du liebst dein Land
im Schweigen und Unwissen
und ziehst erlösende Kreise
in endgültigen Bahnen.

Du glaubst nicht
an die Kunst der Mühen.
Dein Wissen
ist dem Raum entzogen,
das von innen Meere
in die Leere schüttet
und mühelos
die Schwere ordnet.

Leer-Fischer

Im Trüben fischen
alle Schulen,

zehren vom Genius,
der in ihrer Mitte
nicht gedieh!

Er straft sie Lügen
mit seinem Werk.

Doch änderte er nichts
an ihrer Schlichtheit.

Hergerichtet zum Mahl
der Leiber, nicht
für den Wandel im Geist,
überspielen sie das Hohe
und preisen das Niedrige.

Ergeben ihrem Auftrag,
schmälern sie das Einmalige,
lehren Fügsamkeit und
belohnen buckelndes Streben.

Diener schnöder Macht,
reißen sie alles Große
schonungslos entzwei.

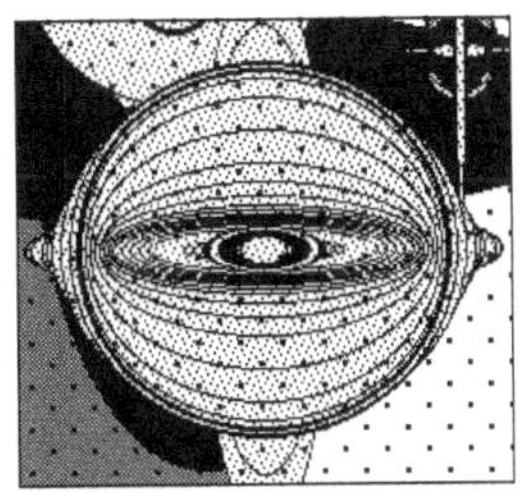

Libéré

Visage fermé
par le vain espoir
de renaître de la terre
des dieux défunts,

comment
pourrais-tu
te refaire
dans l'effroi
de tes doutes?

Où va rôder la mort
maintenant, désuète
depuis sa défaite infligée
par le Fils de Dieu?

De mon savoir,
je ne suis
qu'un gardien fugitif.

Litanei

Verschüttet, was wir *sind*.

Wir,
die spanischen Dörfer
ausgehungerter Illusionen.

Wir,
die mit Einfalt Bekränzten.

Wir,
die mit Wissen Behangenen.

Wir,
die im Dünkel Gefangenen.

Wir,
die achtlos Umgedeuteten.

Wir,
nur noch Abklatsch unser selbst.

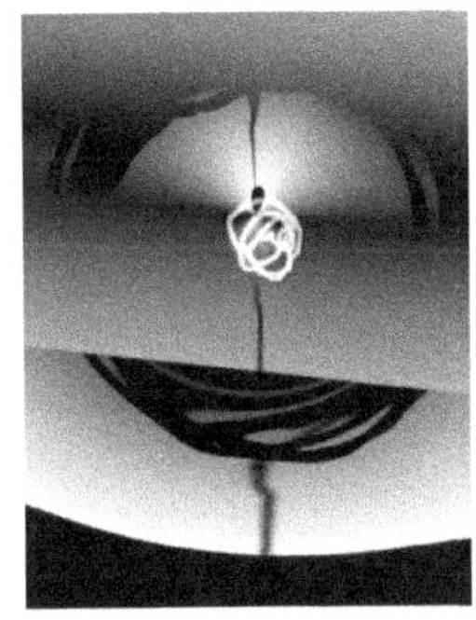

Lodernd Flamme

Lodernd Flamme mein Geist.

Empört die Tiefen. Vom Denken aufgescheucht,
treiben sie in den weiten Hallen ihres Gottes.

Mein Sinnen ist ein Meer im Ruhelosen.
Gedachtes bleibt, ist *Gezeugtes*
im Rad ausgeschiedener Zeit.
Und wollten wir auch wissen,
es gelänge uns nicht zu entschlüsseln
der Welten Sinn, wäre nicht der Liebe Band,
die alles kann und will. Keine Lehre
hat Bestand vor ihr. Kein Wissen,
das sie deutete. Sie ist die Anfanglose,
wahrhaftiges Ebenbild des Gottes
vor seiner Verdunkelung in der Zeit.
Kein Licht ohne sie! Kein Gebären,
das sie nicht haben kann.
Aus allen Stürmen hastet die eine Melodie:

Liebe ist *alles*. Mehr Sein gibt es nicht.

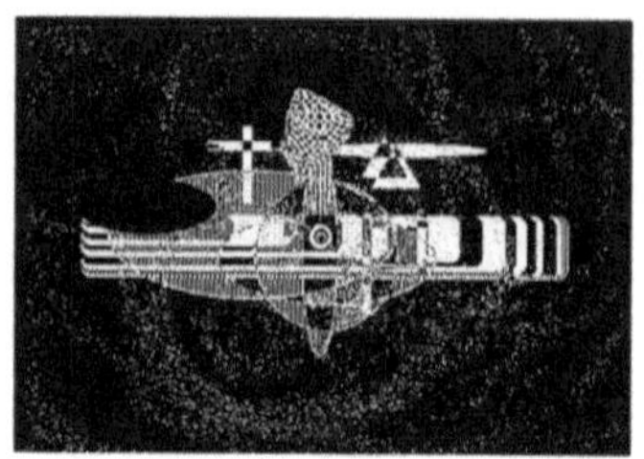

Logisch

Die Tage wandern aus.
Ihre Stunden werden kürzer.
Gepfändete Zeit in den Straßen.

Einige wundern sich,
dass sie nicht länger müde sind.
Im Eilschritt geht der Morgen dahin.
Und auch am Abend hängt nicht mehr viel.

Wie die Ratten das Schiff verlassen,
das sinken wird,
so verlassen die Tage eine Welt,
in der sie nicht mehr heimisch sind.
Sie lassen hinter sich, was sie liebten.

Und jeder weiß warum.

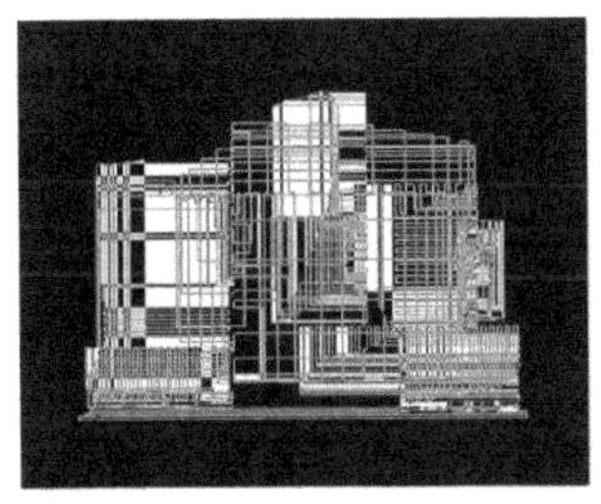

Lösung

Gesühnt die Wirrgestalten
unreifer Tage,
treibende Möwen am Uferland.

Sie legen mit ihren Tränen
die Flut im Bette bloß,
auf dass sie überwälze
die geleugneten Jahre
und sie überspiele
mit reicherem Tun
und sie versöhne
und begrabe
und im Erwachen
sie, wie gewandelt,
wieder neu begehre.

Sie sind in Freuden
eingeströmt.

Magna Mater

Erdmutter aller Wehen,
thronend in den Hallen
eines entlegenen Gottes.

Aus deinem Urgrund quillt
quälend Wissen
in die Sanduhr toter Zeit.

Krieger, deine Kinder,
fahnden ergebnislos nach
deinem unerhörten Maß.

Du hast geboren den Gral
aus bitterster Frucht.

Herrscherin über die Kraft,
du machst dir untertan,
was im Hochmut einst
dich folgenschwer vergaß.

Mars

Angeklammert an die Sinne,
ausgetragen in einer öden Sternenkluft,
springt ein Funken wie entrückt
ungebändigt in vermummten Sälen.

Er wird verloren haben, der schnelle!
Entsprungen aus verwaisten Randregionen,
die im Spiel gemarterter Hirne jammernd
in den Straßen der Finsternis liegen.

„Sünde!" ruft betört die Nacht,
denn Reue wird es niemals geben.
Umschlungen von verkannten Söhnen,
greift Jupiter nach unerlaubtem Gut.

Die alte Göttin legt ihr Haupt
angegriffen nieder,
von neuen Gedanken totgedacht,
die sie nicht formen können,
weil sie nicht neu erwachen will.
Es sind Zeichen erstanden,
die jedes Antlitz fürchten tun.

An allen Straßen rufen tausend Dinge:
Dürste nicht!
Nimm den Becher wutentbrannt.
Leere ihn in einem Zug
über den Krücken der Tugend,
über den Gräbern der Selbstgefälligkeit
und versetze denen den Stoß,
die dir nicht Freiheit sind.

Maxime

Nicht geboren, um sich zu beugen,
ist der Mensch.

Ein größeres Geschick ruft ihn fordernd
nach innen.

Meer

Du Meer, mächtige Gebärerin
im Taumel der Gezeiten.

Urmutter des Ungeborenen.

Von gärender Vielfalt
geschwängerte Göttin.

Du, Mutter der Wehen,
Mutter aller Freuden.

Du, vom Offenen behangene,
unsicher tragende Frucht,
was bist du im Kern?

Woher dein Drängen
nach zu veräußerndem Leben?

In dir, du Schale, lieben sich
Geben und Nehmen seit Anbeginn.

Du, Abbild derselben Kraft,
aber verschiedener Gesetze.

Du Meer, Abbild unser selbst.

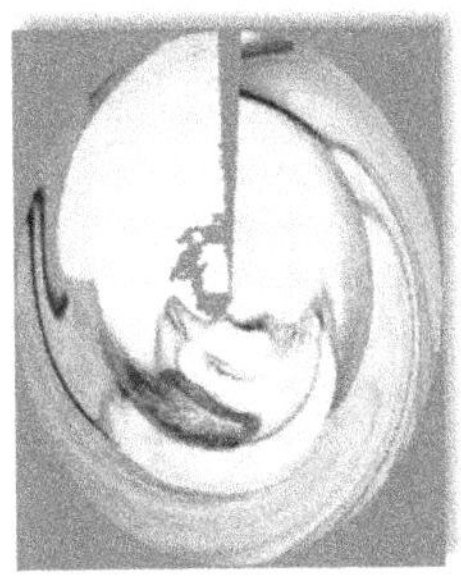

Meister-Stunde

Reicher stündest du am Tor deiner Arglosigkeit,
wenn du gewähren ließest den inneren Meister,
dein dich erweiternder Kern, der nie versehentlich
dich am Schopfe greift und unbeirrt in das Schaubare
führt, damit du von dir nie mehr fern dich
wiedererkennest und bejahest und so
in hellere Welten eindringest, unbeschwert
von anstößigen Qualen, die du selber nährtest
am harten Ich, ein ausgedienter Zweifler
aus wirren Jahren, ein dich verführender,
falscher Gott des *leichten* Stillens, dem du folgtest
wie dem Geplärr dreister Komödianten und der dem
Licht des Unverfälschten dich listig entzog!

Dennoch, du bist makelloses Leben im Schrein
endloser Fülle.

Memorandum

What has been done on you,
man of fearful shape,
by the Creator's *daring* work
cannot be valued by a mind
that looks for worthless ease
and profitable humiliation
outside a complaining soul.

So, leave the house of your fathers
and go beyond all boundaries!
Go even farther to the *inner* state
where exuberant royalty is yours,
where thousand followers wait
and give answers to all mysteries!

The power is yours thru all times.
You are the builder of various worlds
and live in myriad places presently.

Wake up man of harmful destiny!
A sleeping god thou are longing
for unity behind an icy mirror of
vanity spoiling yourself so easily.

Mensch,

wiege in den Raum der ganzen Fülle dich.
Entsage den Zeichen angelernter Furcht,
denn rastlos baut der Gott deine Tiefen.

Ein randloser Geber werkt in deiner Mitte.
Er, ein Springquell nie versiegender Kraft,
der Endliches mit Unendlichem vergilt.

Gib dieses Gut den Bedürftigen der Welt.
Gib den leblosen Hütten ihren verspielten,
inneren Glanz zurück!

Der Mensch, ein Sternensäer im Namenlosen.
Und höher noch hisste offenbartes Sinnen ihn,
wenn altes Leben abgelegt, er bekennend will:

Mir sei Gott mein einziges Streben!
Nur heiterste Liebe ist der Gottheit
unerhörter und überreicher Grund.
Sterben kann ich nicht, da ich stets
neu hellste Welten aus seinem Kern
mit dem Meißel seiner Worte bilde.

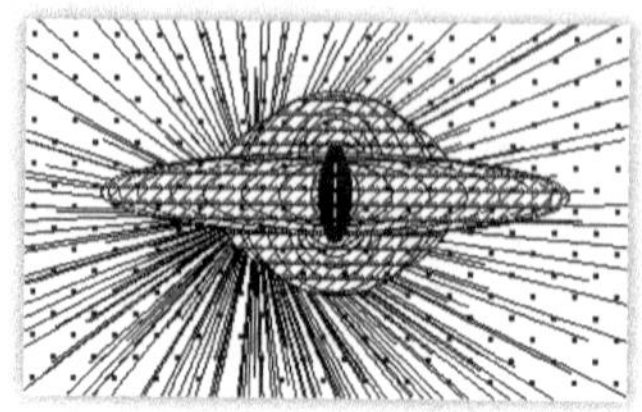

Mir

Ich bin mir selber fremd, sofern ich nicht weiß
wohin ich strebe. Mein Leben ist wie ein Tanz
im Hohen, um den Sog geronnener Vernunft.

In bangen Nächten bin ich ein Ferner mir,
verwirrter Traum im trunkenen Anbeginn.

Niemals bin ich mir derselbe, nie ein Zahmer,
da von unbekannten Gestaden ich gerne zehre,
die wortlos mich rufen, flehentlich in ihren Bann.

Montjuic

Unten zeugt die Stadt ihr Leben,
wälzt die aufgerauten Straßen
zitternd um das Meer herum.

Tiefes Dunkel in ihren Zügen
bricht das Licht nur heller noch.

Und die Gassen um den Hafen,
brennend in Begierden,
warten auf den Regen.

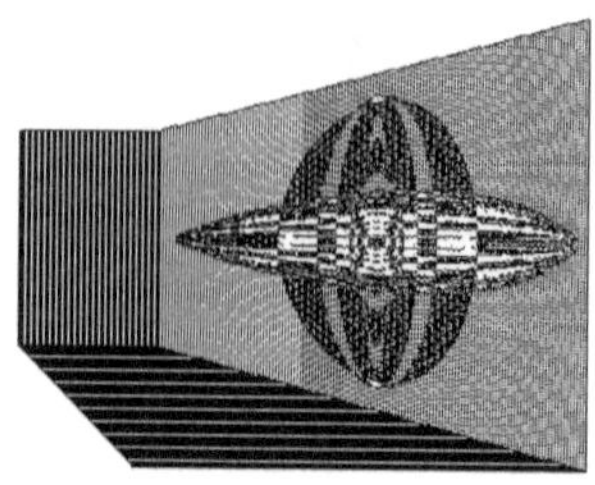

Musik

Tonhäuser bauen
wie Kathedralen im Wind.

Klanghölzer führen
wie verwildertes Laub
um einen hohen Turm,
der ächzend sich
in ungeahnte Höhen rankt.
Wehe der Hand,
die unbefugt ihn öffnet!

Tonräume bergen
vergrabene Wehen.
Hören ist nach innen sehen.

Klangfluten wacher Späher
nisten am Rand dessen,
was sie erschuf und die sprachlos
einander befragen, wer denn
der Gott sei, der sie
in seinem Innersten trug?

Mutprobe

In uns werkt ein Größeres unerkannt.

Ist denn dieser Gott nicht groß genug,
der selbst in unfertige Leben eingehet
und sich mehret in uns, dass dürftig
im Glanzlosen wir weiterirren,
bloß im Schatten seiner Kraft?

Bald wird alles Schnöde ausgestanden sein.
Alle Türen fallen hinter dem Zauderer zu
und kraftlos lugt sein geprelltes Geschick
darbend an ihm vorbei.

Gebotene Schelte traf den Verstand zuerst.
Er hat nicht erkannt die Treffer der Angst,
an denen er erkaltet ist und künftig lahmt.

Wie lange noch wird Erebos, Sohn des Chaos,
herrschen und Zwietracht säen auf dem Boden
ruhmloser, weil zu eiliger Zugeständnisse?

Wann liebten wir wählerischer und freudiger?
Wann drängten wir zurück, gestärkt in Eigenes?

Mutter

Mutter, welch ein Wort!

Wieviel Unvollendung
in deinen dunklen Zügen.

Wieviel Tag und wieviel Nacht
in deinen folgenschweren Gebärden.

Wieviel uferlose Jahre in deinem Schoß.

Wieviel Wonne, wieviel Schmerzen
vor deiner vielen Pforten wilder Ungeduld.

Wieviel Enge, wieviel düstere Verweigerung
hast du erbarmungslos in mich hineingeweint,
Mutter!

Nun liege ich offen vor deiner harten Stirn
und weiß nicht *wen* ich leben soll,
ob ich jener bin, den *du* einst erhofftest,
oder jener andere, der in *mir* nach außen will?

Einst führte eine Treppe zu dir so hoch hinauf!
Derselbe Weg, Mutter, führt ebenso hinunter.

Nachlass

Entrichtet allen Systemen einen lieben Gruß
und übermittelt ihnen, sie mögen sich bemühen,
die ihnen Folgsamen auch wirksam zu betören,
damit diese ihre Fesseln bloß nicht spüren und
wie zufrieden einander auch weiter die Hände
reichen, die kunstvoll mit Krallen bestückt nur
ungern sich lösen.

Überbringt ihnen auch, sie mögen verständnisvoller
tun, ehe sie sich selber erschreckend eingestehen,
was sie wahrhaftig sind und vorzuhaben gedenken
mit den ihnen ausgelieferten, arglosen Leben.

Erkläret ihnen, sie mögen sich gedulden noch, bevor
sie ihr wahres Antlitz zeigen, denn es gibt jetzt schon
welche, die erkannt haben *wohin* diese Reise geht!

Berichtet ihnen von den Ungebundenen auch,
die aus einem weit größeren Land zu ihnen drängen
und verstohlen ein gewisses Lächeln für sie finden,
das vorangestellt ihr ganzes Sinnen kleidet und
irgendwie sie zur Umkehr zu bewegen vielleicht
doch imstande wäre! Man weiß ja nie...

Nachruf

Wir müssen nicht um unseren Nachwuchs fürchten.
Wir werden keinen haben.

Wir müssen nicht vor dem nuklearen Winter zittern.
Wir werden ihn erleben.

Wir häufen das Geld und bezahlen mit Trümmern.

Wir hüten die Macht wie das Allerheiligste.

Wir leben nicht mit der Angst: wir *sind* sie!

Namenlos

Niemand trinkt von der Frucht,
die alle Früchte speist.

Niemand hält die Hand,
die alle Hände hält.

Niemand fordert mehr als Du.

Niemand hat gehört den Schrei,
der den Tod von innen getilgt!

Niemand ohne Dich!
Du, der große Sturm
in meiner Mitte.

Nein!

Es hätte nicht geschehen dürfen.
Man hatte vorgesorgt.
Alles Mögliche war getan worden,
um es zu verhindern, aber,
dann war es doch geschehen,
und man stand sprachlos da.
Da hatte doch einer, ein Kleiner,
gewagt *nein* zu sagen!

Sicher, er war schon öfters aufgefallen,
unangenehm hervorgetreten,
aber einen solchen Schritt
hatte doch niemand von ihm erwartet,
wenigstens nicht jetzt und hier,
und unter diesen Umständen...

Er musste wieder zur Raison gerufen werden,
wieder in die bewährten Bahnen gelenkt werden.
Es würde an seine Vernunft appelliert werden.
Allerdings nicht zu oft.
Zunächst aber gutmütig,
mit etwas Verständnis noch.

Schließlich wird man ihn auf die möglichen Folgen
dieser seiner Tat hinweisen müssen,
für ihn selbst,
für seine Familie,
und besonders in diesen Zeiten sollte er nicht...

Er würde schon verstehen.
Er verstand *nicht*.

Neubeginn

Der Frühling springt beschwingt
weit über den Zaun und lacht verwegen
den Erwachenden an, denn er könnte
ihn vergessen haben. Er versetzt ihm
daher einen leichten Stoß und mahnt
ihn zu berühren die Erde, die aus schwer
beladenem Schlaf wieder neu ersteht,
in anderen Farben, mit ungewohnten
Liedern und ungebändigtem Mut.

Die Fernen wollen eingeatmet sein
und überbringen den bislang
verscharrten Gruß, der verwundert
und leicht entstellt aus schweren
Gliedern ausgezogen von neuem
leicht entsteht.

Überall erheben die Knienden sich
und merken ganz unverblümt,
dass sie solcher Stellung gar nicht
bedurft hätten, wären sie nur
viel früher schon draufgekommen,
und nicht jetzt erst, im Frühling!

Auch sonst ist vieles leichter bestellt.
Selbst vergrämte Erwachsenengesichter
sind wieder eher bereit zu spielen
mit ihren sonst so ernsten Launen,
die dem Lachen bisher überhaupt

nicht angetan waren. Sie selbst wissen es
und zeigen denn auch die Wandlung,
die jetzt überall Wurzeln zu schlagen gedenkt.

Eigentlich gibt es in diesen Tagen sichtlich
weniger Probleme. Woran das liegen mag?
Doch wohl nicht am Frühling?

Neuland

Deine Ängste sind Türen
in dunkle Sphären,
die dich umschließen
wie kaltes Fleisch.
Und du weißt nicht,
ist es ein Unding oder
dein Liebstes, das an
deinen Knochen reibt?

Bist du es selber,
oder ist es fremdes Blut,
das in deinen Adern
gärend anschwillt?

Bist du wahrhaftig
oder den Wolken gleich,
die in die Ferne getrieben
dort nicht mehr sind?

Nur vorgegaukelt
die Macht der Finsternis!
Sie ist an deinen Zweifeln
hochgewachsen, dennoch
blieb dein Kern unberührt.

Neuland, du reiche Frucht
der Überwindung!

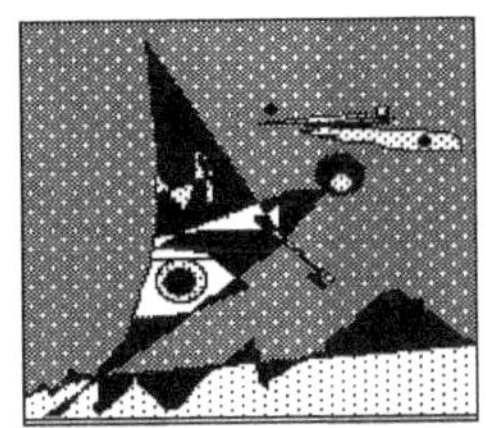

Neuschwanstein

Walküre dunkler Nächte,
diese Steine hast du gezeichnet
mit den Narben deiner Wahl.

Roh der Fels. Aufgeschlagen seine Wunden
an den Trümmern kranker Seelen.
Kein Entrinnen am Ort der Bürde.
Zu Mauerwerk geworden die Qual.

Und könnte dein Fluch sich besinnen
und nach außen springen,
sich im Draußen wiederfinden,
er würde sich verlieren
und ginge leicht wie im Flug
über schale Grenzen fort,
die wie Türme nach innen ragen
und ihn immer neu erfinden.

Gefangene vom eigenen Bild. Deine Helden
haben nie gelebt. Wunschbild
steingewordener Klagen. Sie betrügen dich.

Neuschwanstein, dein Wille zu sein,
ein Widerspruch!

Neu-Sicht

Vormals ehrten wir den Gott,
als im Priesterkleid
er den Leichtgläubigen erschien.

Jetzt aber, da wir von innen den Ruf
in uns selber ohne Verstellung hören,
zweifeln wir indes an dem alten Glück.

Menschen sind flüchtige, grelle Schatten
in der Knechtschaft lang gehegter Furcht.

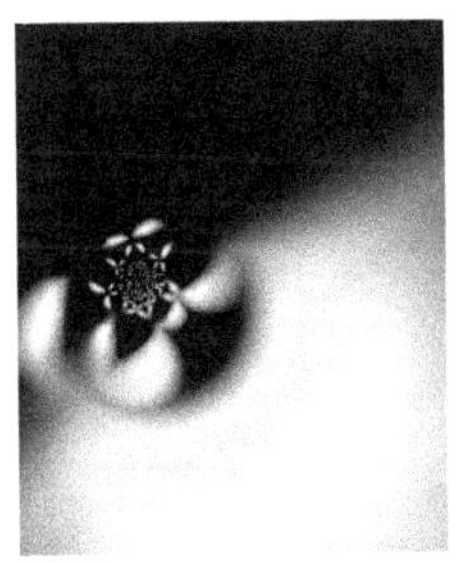

Nichts herrlicher

Wundersam der Tag, den du einbringst
in die uferlosen Jahre der inneren Schau,
die reiner dich liebt und höher dich trägt
als alles unfertige Leben im wunden Leib.

Nichts reicher, nichts herrlicher
in dich hineingebrannt als sie!

Norm

Umgekrempelt in ein Anderes,
taumelst du in den matten Tag.
Im Spiegel, ein mageres Soll.
Kein Haben an deiner Seite.

Unkosten sind entstanden,
die du nicht abtragen kannst.

Dir aufgesetzt fremder Wille
wie eine Narrenkappe
öden Faschings,
der nicht enden will.

Tagsüber befehligst du
Bettler und Blinde.
Abends spielst du
den sorgenden Vater.

Manchmal begehrst du auf
hinter dem Bürotisch.
Du, Hüter alter Schlingen,
die leichter zu tragen sind
als die endlose, eigene Kraft,
die mit immer neuen Lügen
du geschickt umgehst.

Ödland

So ist denn Wüste überall.
In den Herzen gehen
die letzten Gefühle klaglos ein.

Um die Engel der Einsicht,
in eherne Finsternis getaucht,
dämmern ohne Glanz dahin
die Irdischen in wirren Leben.

Ausgehöhlt vom Lebensrausch,
treiben in den Fluten sie dahin,
reiben ihre glitschigen Leiber hart
am Irrsinn einer gegängelten Zeit.

Sie erwachen in ein *Ähnliches*.
Ihre kommenden Wehen reifen
an alt gebauten Qualen.

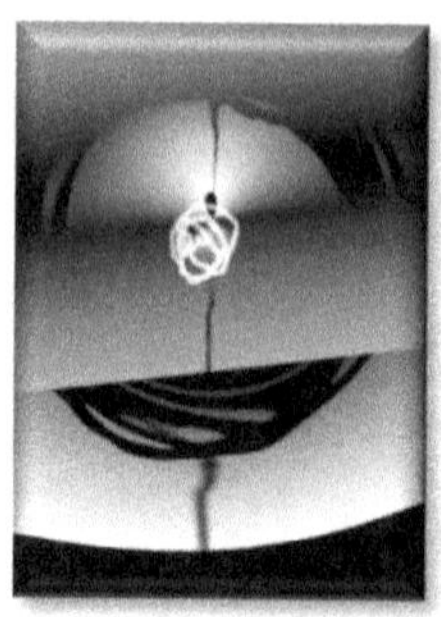

Ohne Schicksal

Ohne Schicksal sind die Geister nicht.
Nur Engel leben rein aus eigener Kraft
in gnadenvollen, unberührten Stillen.

Du aber, der in das Fleisch geworfen bist,
woher nähmest du die Kraft zum Bruch
mit dem lang gehegten Schattenreich?

Gefangener in mannigfach verbauten Leben,
fristet du ein Leben ab, das dir nicht gehört.
Nicht geliebt von den Göttern jener Wille,
der in labenden Geist nicht münden mag.

Alte Wunden pflanzen alten Unwillen fort.
Nemesis weilt vor fest verriegelten Toren.
Und Zeit heilt nicht, wo der Knoten bleibt.

Ohne Worte

-I-

Wortlos sein? Wär's möglich,
ich wollte ewig schweigen!

Wortlos am Rand des Sagbaren
stehen die Gefühle quer
und blasen zum Sturm
gegen die Worte, ihre Widersacher,
die sie nicht lieben können.

Wortlos treiben in den Dingen,
in einem Baum, der von sich selbst
getragen steht und überdauert
den Herbst, den Winter,
das Fasten und die Fülle.

-II-

Einst war ich ohne Worte stark.
Ich erlernte die Schwäche erst
mit dem Buchstabieren der Gefühle.

Alles wurde eng um mich und öde.
Ich schrie, doch niemand hörte!

Entgleite Sinn dem Gefäß der Worte.
Wachse *aus* den Worten und bleibe.

Aufgebraucht dein harter Kern, Wort.
In deinen Schalen erstarrt die Zeit.
Es gibt seine Druckerschwärze ab
und verendet dann.

Genug der Worte: Taue auf in Sinn!

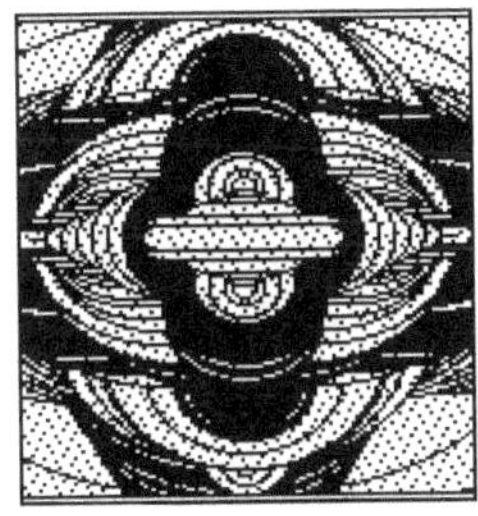

OM

In dir ist Wohnung, Gott.

Ungebändigt dein Sein,
endlos im Aufbruch.
Für immer unberührt
und strahlend deine Mitte.

Deine fernen Ufer
sind die kommenden
Unendlichkeiten.

In dir ist jedes Greifbare
randloses Sternenbild.

Herr des Tanzes,
dir geweiht die Schmerzen
und alle Freuden.

Du, Gott, ruhelos berstend
in meinem Inneren.

Omen

Blühend die Gärten deiner Seele
in dem einen, alles atmenden Gott.

Mächtig *deine* Stimme, das große
gottgewollte Sagen in der Zeit.

Die Verkünder warten am Rand.
Umgestimmt sind sie längst.

Sterben sollten wir in Eigenes.
Himmel und Wonne nur im Kern.

Die verbannten Seelen ziehen heim,
von zerzausten Winden kalt umweht.

Im Schlepptau der Wünsche
ist kein Platz für Verzicht.
Und nirgends Sonne, kein
Ätherlicht auf den Fluren.

Heim will der Geist an die Ufer
eigener Herrlichkeit, aufbrechen
in Bleibendes.

Vater, wo sind von deiner Gnade
die restlos Gestillten?
Wo Freude, wo wahrhaftige Liebe?
Wo strahlt unversehrt dein Land?
Dem Menschen hast du das Streben
nach Dir schonungslos einverleibt.

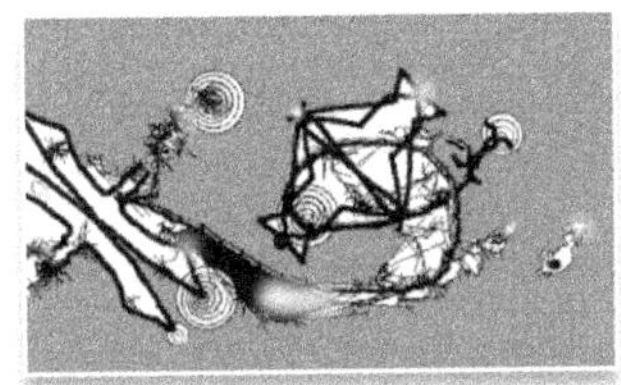

Orakel

Stumm sind nur die Engel,
die schon wissen.

Ihre harten Herzen
hämmern die alten Seelen wund.

Worte sind in ihnen arm.
Sie bedürfen nicht.

An ihren spitzen Flügelenden
bricht die Welt im Lot entzwei.

Kein Reich ist ihnen tieferer Wuchs
als ihre Schmerzen, die sie um sich werfen
seit Anbeginn.

Stumm sind nur die Engel,
die schon wissen.

Orpheus im Nachhinein

Was wäre, wenn ich dich zurückforderte,
Eurydike, aus dem Reich der Stille,
das an dir genagt mit mannigfachen Wehen?
Was geschähe dann mit dem Gesetz der Zeit?

Nur Leere ist ohne diese Liebe, die Landschaft,
Leben, Blume und Erfüllung ist! Sie öffnet Türen,
die ich verschloss und schüttet Freude aus über
den Trübsinn, der wie ein alter Wächter friert.

Was aber wäre, wenn ich *zeitlos in dir* wandelte
und so fester mit dir verwoben lebte als über
deinen Atemhauch, über ein Fühlen, dem ich
scheu geworden bin?

Dann müsste ich nicht bangen um deinen Blick,
der zurückgewandt dich mir für immer entrisse.
Alles wäre jetzt und daher ewig und unsere Liebe,
diese eine, wäre wieder ganz.

Parabel

Verpönt jede Tat, die mit sich selber ringt
und um ihr Gelingen sich nicht sorgt.
Der Geist ist ihrer mächtig
und trägt sie nur noch weiter fort,
legt sich wie ein Lamm um jede Stirn,
die ihm geweiht sich kniet und tief bereit
im Herrenlosen ihr Vermögen weiß.

Am Ölbaum liegen angestrengt die Glieder
und sinnen mit verborgener Kraft
wie Erhörte in sich selbst hinein
und entdecken ... nichts.
Von ihren Füßen wächst ein Efeu
schlängelnd um ihre Leiber fort.
Der Mond steht stille und gräbt sich ein.
Der Bach fließt so, als wäre nichts dabei.
Er wird ernüchtert wissen bald,
welche Nacht er heut begann!

Schon drängen Stimmen
winselnd den Berg hinan.
Der Meister liegt vergraben.

Sein Sehen ist endlos bang.
Er bedeckt sein Haar, das umflutet
von wirren Gedanken sich krümmt.
Was werden sie heut erfahren all
in dieser Nacht,
die wie keine andere begann?

Und Schächer bringen Kunde,
die wie ein Fluch in diesen Garten dringt.
Mit fremden Seelen ringen, brächte nichts!
Wem wäre *sein* Leiden Trost?
Und unaufgefordert schreit er
in sie wie in ein Tor hinein:

„Nein, euer Gott bin ich nicht!
Es wäre euch auch nichts gewonnen.
In euch selber sollt ihr ihn suchen.
So geht denn fort und ruft ihn laut.“

Sie haben ihn gehört und ausgetragen
und tragen weiter ihn in ihrer Stimme.
Und manchmal, in einer stillen Nacht
an verlassenen Wegen lang, hören sie
seinen Atem im Vorübergehen ...

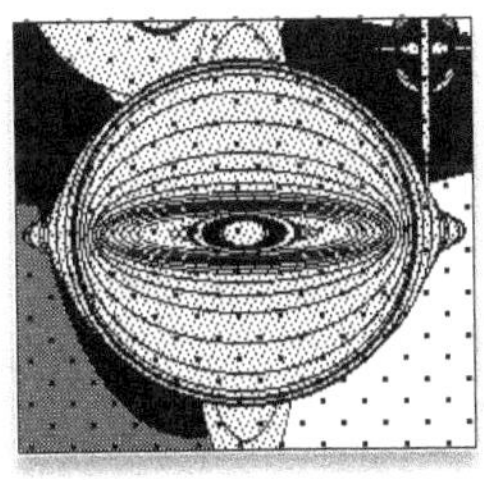

Pegasus

Herold der Angeklagten,
entwachsen dem Haus der Lügen
ins Überirdische, bist du der Wille
nach Entschleierung des Möglichen.

Du, Vermittler *zwischen* Welten.
Du, Gestalter des Wahren.
Unter deinen Schwingen rinnt
die Zeit verpfändeter Leben
fruchtlos dahin.

Pharao

Den Falken im Nacken,
dir Schutz und Schild gewährend,
bist du der jenseitig Wahre,
der zeitlos Thronende,
du Gottkönig im Marmorkleid.

Wer dein Abbild geschaffen,
ward von einer inneren Faust beseelt,
die aus dem vielen Möglichen
dich *allein* gebar.
Ungezügelt die Kraft,
die in dir den König
nach außen sichtbar macht.

Dein erstarrter Wille
blieb nicht unberührt;
die Zeit hat ihn geschmäht.
Du bist der Regungslose,
der in den Raum hinein
erweiternd Räume reißt.
Dein Reich ist die Ewigkeit,
unnahbar und kalt.

Bildhauer,
dein Werk ist das *Gestaltlose*,
das du im Stein ahnend streifst.

Pinien

Ihr Bäume des Südens,
Wächter über unberührte Tage.

In euren schlanken Hainen
ging wandelnd einst ein Gott,
dem ihr von oben,
aus wogenden Kronen
eure Schatten warft.

Ihr wart ihm Kühlung,
als sein Durst das Land
brennend verschlang.

Ihr betäubtet seinen Schmerz,
der grenzenlos,
über allen Hügeln hoch,
ihn maßlos befruchtete.

Ihr wart ihm Mäßigung, als er
über flammende Äcker hinweg
sein übergroßes Eigenbild bog.

Und ihr habt erkannt,
was er noch nicht wusste:
Mache fühlbar das Verhüllte,
indes fürchte deinen Willen!

Doch er, er vergaß.

Prekäres Gleichgewicht

Taufen mit Geist ist dieser Welt ein Gräuel!

In den Dressieranstalten Schulen
ist der Schein um vieles deutlicher,
erbärmlicher noch. Sie werden selber
sehen, *wofür* und *wohin* sie irrten!

Wahrhaftige Veränderung bedarf keiner Regeln.
Der Seher ist auch ohne Menschenwerk überreich.
So zieht der Geist den Verstand um vieles nach.

Stunden der Anmut siechen im Kerker
der leisen Liebe. Seichte Stimmen streiten
um die Gunst lauer Zöglinge, die in engen
Schächten nach Bildung dürsten, freilich
ohne Aussicht auf Heilung vom blinden
Sehen, für immer umsonst!

Und gehen wir dereinst in uns selber ein,
machen diese Tür mit hohem Schweigen auf,
so widerfahren wir die Kraft, die unser ist,
seitdem der Höchste sie an uns selber band.

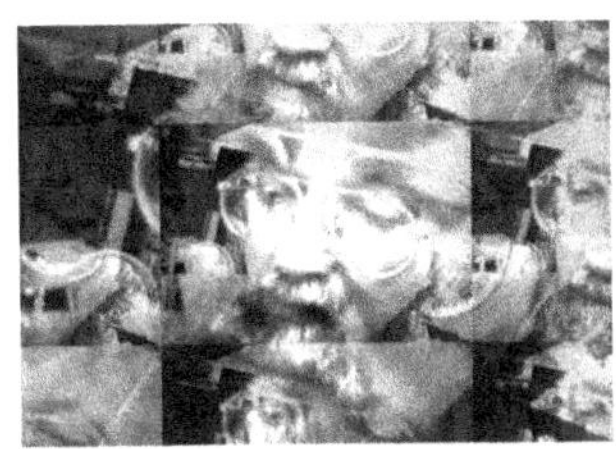

Prier

Le mal est un fléau
qui envahit la terre engourdie.
Ni le jour ni la joie ne demeurent
quand les ténèbres s'emparent
de la moindre des semences.
Elle va engendrer l'amer fruit
d'un au-delà dévié, mais décidé.

Et toute armée serait impuissante,
et toute cause porterait son empreinte,
et tout homme succomberait
à son charme étrange,
et tout enfant fuirait
devant son passage,
et toute aspiration
ne serait que perdition,
et l'amour même
craindrait son innocence,

s'il n'y avait la force de la prière.

Prier est un bouclier étincelant.
La prière est l'arme de la Lumière.

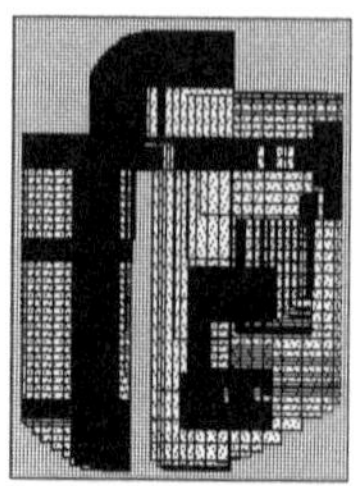

Prometheus

Wie kannst du mir Vorwurf sein,
wenn ich aufbegehre
und jede Herrschaft leugne,
da du selbst dich beugtest
und nie dein eigener Wille warst?

Ablehnen will ich in Stärke.
Schwach zu sein, vermag ich nicht!
Alle Ketten kann ich leicht entzweien.
Sie sind bloß vorgestellt, eisern geglaubt.

Den Tiefen aber will ich offen sein
und sie umarmen und umgreifen,
als müsste alle Welt in sie verfließen,
als wäre selbst Jupiter, der große Gott,
nur ein Funken, nur ein Aufbegehren
um ein größeres Geschehen,
um ein größeres Geschick.

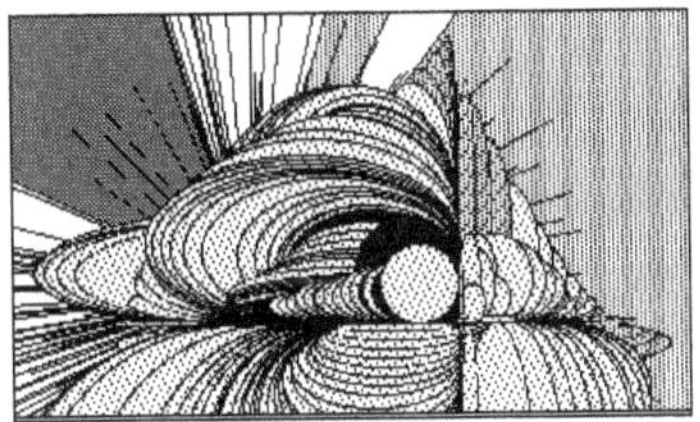

Provisorium

Wohin ausweichen, wenn nicht
in das Getriebe der alten Welt?
Sie bremst den Gott im Bauch.
Dessen Weihe will keiner haben.

Nicht Läuterung ist im Schmerz,
wenn er nicht nach innen wirkt
und nicht aufgeht im Heiligsten,
im eigenen Kern, dem Hohen!

Vom ganzen Sein zum Fehltritt
genügt *ein* Schritt in die Zeit!

Du Geist, nur flüchtig eingefangen
in der Kanope gehorteter Qualen.
Vor dem Aufwind geflohen, fällst
du zurück wie ein Ikarus der Lüfte
in die Schwere einstiger Wahl.

Dein ganzes Leben, Mensch,
ein Provisorium auf Widerruf!

Prüfe

Prüfe deinen alten Gott,
dem du so lange schon ergeben,
ohne jemals ihn zu befragen,
wie er denn sich selber sieht, und ohne
auch nur den Gedanken zu wagen,
er solle deinen Weg nicht unnütz zieren,
auf dass er nicht noch dorniger werde,
als er ohnehin schon ist.

Es sei denn, die Sünde würde wach
und käme aus den Träumen,
die wie letzte Inseln deiner selbst
dir fast verklärt in die Sinne trieften.
Ganz überrascht würdest du dich geben
und unvorbereitet wärest du vor sie getreten,
noch ohne zu wissen, vorerst nur ahnend,
dass nur du selber dich erheben kannst
über die Schatten im Vergangenen,
die immer noch sind und schwer wie Ballast
dir die Kehle schließen.

Dann rufe nicht nach *diesem* Gott!

Gib ihm Ruhe in seinen spröden Schalen,
die du selber wie ein Priesterkleid einst ganz
weiß getragen und ohne zu murren nahmst,
als Ketten dir wie Geschenke noch zu Füßen lagen.
Doch singen, könntest du ohnehin jetzt nicht,
denn dieser Riss erschiene dir viel zu groß.

Er muss noch größer, noch tiefer werden,
schonungslos dir andere Türen zeigen,
die verscharrt und tief wie in Fels getrieben
immer noch *in dir* auf *dein* Öffnen warten!

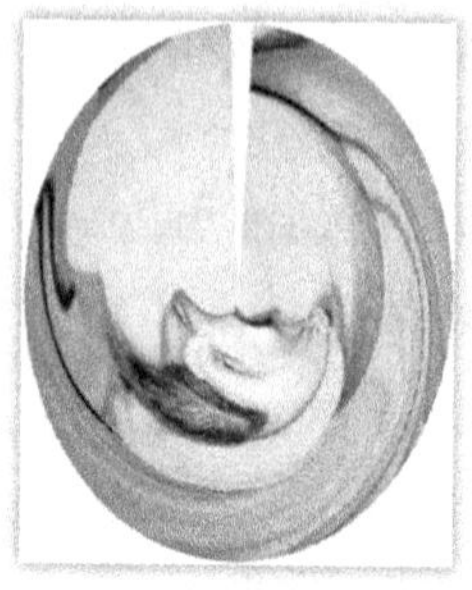

Psalm

Maßlos ist das Schöne immer.
Es ist der Gottheit einverleibt.

Unergründbar deine Tiefen,
Mensch,
auf sternenbesätem Grund.

Über die Meere der Finsternis
trägt ein Gott hellste Wonnen
in eine neue, brüderliche Zeit.
Und trinken darf mein Geist
in gewaltigen Zügen
von seinem erlösenden Ruf!

Erhaben des Seienden Kern
in deiner Mitte, die *alles* ist,
mit der du, ein schlafender Gott
und Wanderer zwischen Welten,
viele Leben schon hast bekränzt.

Quantenjagd

Mitten im Finsteren
eng gestreuter Partikel
liegen die Verhältnisse
verkehrt rum:
Beobachtung ist Einmischung.
Subjekt und Objekt verschmelzen.
Was möglich ist,
ist irgendwo auch wirklich.
Wahrscheinlichkeiten,
statt bestimmbaren Einzelheiten.
Kausalität: Schach und matt!

Rationales Verhalten
stellt sich selbst in Frage.
Zwanglos deuten neue
Kammern auf neue Kerne,
die in ihren Kammern
abermals neue Kerne bergen,
die niemand vermutet hatte
und deshalb Grund genug
für eine neue Laudatio sind.

Kein Aufwand zu groß.
Wissen, ein Reizwort!
Es hinterlässt *für immer*
unbefriedigte Gesichter.
Zertrümmerung üblich.
Spaltung bis an die Grenzen
des Spaltbaren.

Ein neuer Nobelpreis
im Schlepptau der Industrie
liegt auf der Lauer.
Das Katz- und Mausspiel
wird fortgesetzt.
Mehr Mittel bereits bewilligt.

Die wissenschaftliche Welt
erwartet den Protonenzerfall
im elften Jahrtausend.
Der Optimismus ist verständlich.
Das Ziel klar definiert:
Die Wissenschaft vorantreiben.

Wo aber bleibt der *Fortschritt*?

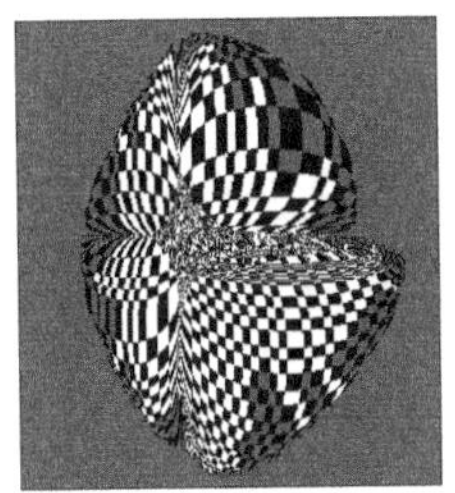

Rapport d'un retour

Cité de vie, je te salue.
Je te salue, comprends-le bien,
d'un monde démuni.

Certes, il y a la confiance
dans le pouvoir,
la consécration de l'argent et
l'humiliation par le seul regard.

Il y a la volonté d'humilier
à fond.

Certes, il y a des temples
tout blancs qui laissent rêveurs
pendant des années et puis,
en une seule nuit, relâchent
des vipères
vers toute ville endormie.

Certes, il y a la solitude
et son compagnon la folie
qui la chérit comme un époux
trop souciant.

Certes, il y a le charme
d'artifices préfabriqués
et les ténèbres qui guettent
au sein d'armures de croyances,
dites belles et édifiantes.

Cependant, il y a aussi
l'espérance.

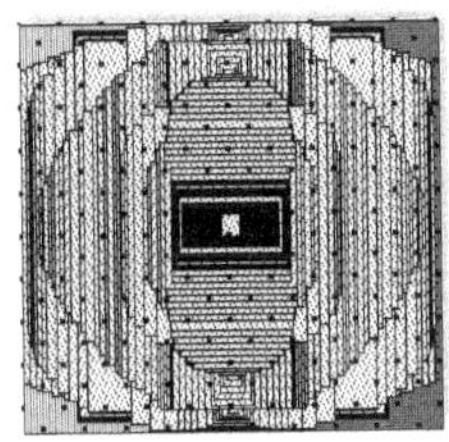

Reifen

In den Wiesengrund
der Stille langen
und fündig werden.

Blühen
am Wacholderbaum
den Sternen entgegen.
Springen
über den Rand der Zeit.

Vermögend sein,
nur
am eigenen Klang.

Renoncement

Moi, le porte-parole d'un savoir
qui m'échappe, pourquoi
suis-je assailli par tant de doutes
à mi-chemin entre le moi et l'indicible?

La ruée vers le savoir n'est que
piètre extravagance! L'homme,
chétif voilier vers un au-delà
incommensurable qui le guide
pourtant et le sublime sans fin.

Ainsi, tu vas à l'encontre de ton salut
dans une mer de pleurs et le débarras
de tes affres est ton temple demain.

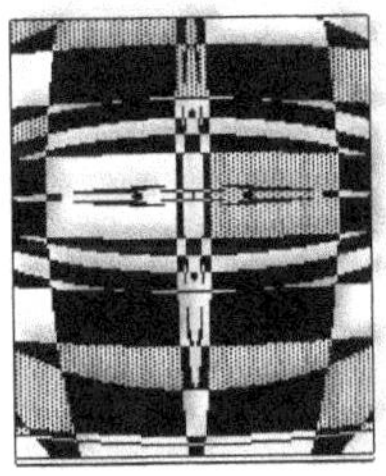

Revirement

L'épave d'une aube a beau être intacte;
elle l'ignore.

Elle ignore les autres fonds ensevelis
par le joug du temps qui persiste
malgré lui. Elle s'en remettra pour de bon.

Elle brisera les chaînes confectionnées
dans ses propres ateliers. Elle s'en sortira
un jour indemne et abreuvée de lumière.

Terres arides, terres sans splendeur,
cueillez les fruits ailleurs! Coupez-les
dans la lutte accablée de vos sanglots
qui entonnent le prélude immémorial
de tous les expulsés.

Rhetorisch

Arm ist der Wortgewandte
an seinen Grenzen immer.
Und wer höher wollte, hinauf
in die Etage des Begriffslosen,
der müsste ewig schweigen.

Das Erklärbare ist der vielen Mühen
nicht wert! Darüber hinaus kommen
nur die Dichter. Ihre Sprache ist des
Geistes: sie führt stets ins Offene.

Dem Ganzen ist Auslegung zu gering.
Es verkennte sich selbst, sähe nicht
in sich selber ein, beschriebe sich
nur anders, genügte somit nicht *sich*!

Wer dagegen den Begriff verschmähte,
da bloß Unfertiges und Durst er gebiert,
bliebe ohne Reue. Er ginge schicksalslos
in sich selber ein und verbliebe auch dort.

Vom Übergedanken hart bedrängt,
kapitulierte alsbald der Verstand
ohne Gegenwehr und Bedauern.
Jeder Sonderweg an ihm vorbei
führte ins Uferlose, ohne Rückkehr.

Ricercar

Zwang, du bittere Frucht der Furcht!

Geschält aus dem Zweifel,
mehr verlieren zu können als erfundene Freiheit,
mehr aufgeben zu müssen als ein falsches Selbst.

Zwang, du stille Folter gebilligter Furcht!

Mit dir lassen sich ohne Weiteres
viele Leben überbrücken, ohne dabei
das Gesicht nach außen zu verlieren.

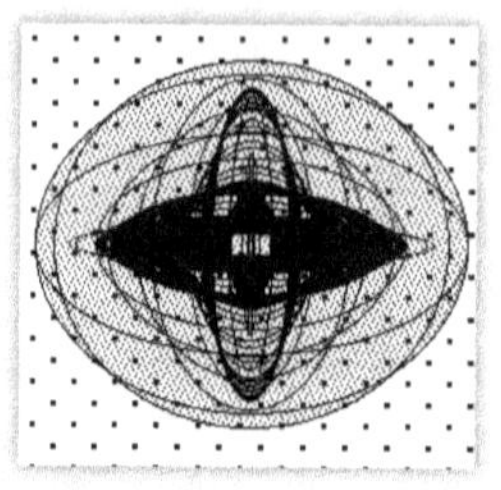

Richtung

Urstadt im Erwachen.
Allein, dies genügt nicht!
Die Gefahr bei Worten
zu verharren, ist zu groß.

Taten formen wie ein Bild,
das dir vorausgeht. Entblößt,
aber willig. Gebrandmarkt,
aber stolz. Kampflos führen
eigenes Verlangen nach innen.

Ohne Requisiten
den inneren Tempel aufbauen.
Viele Taten lang.

Im Licht eines neuen Morgens
loslassen längst Abgefallenes.
Endgültig freigeben trügerisches,
altes Gut, ohne Reue, in Dankbarkeit.

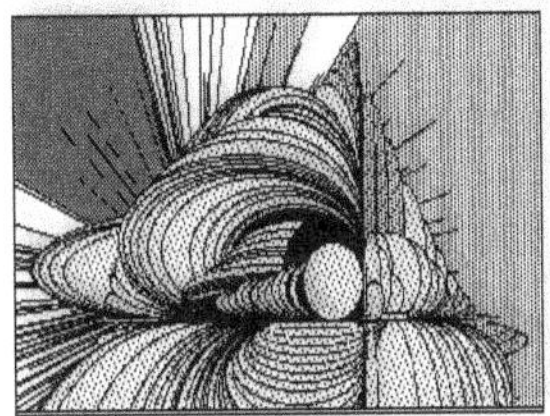

Riss

Komm Schwester,
reich mir deine Hand,
deine linke, die an
deiner Schulter baumelt,
als wollte sie winken hinüber,
über den Steg, der über
dem Abgrund schaukelt
und uns beide tragen soll.

Horch, ein Donner rollt
von ferne um dein Sinnen,
das ich nicht kennen will.

Geh Schwester
du an mir vorüber.

Ritornell

Wie vermögend du auch immer bist,
du übersiehst es und lehnst dich stets
von neuem an,
was dich vor dir selbst zurückhält.

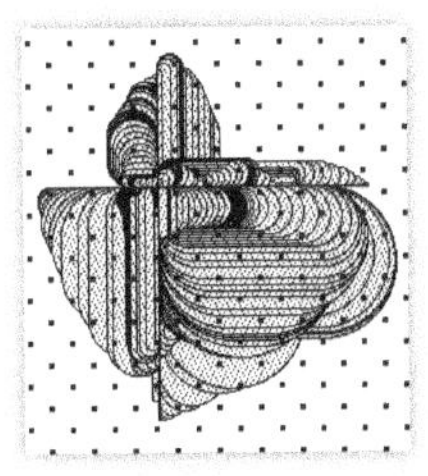

Rückbesinnung

Neu Erdachtes gibt es nicht.
Alles ist jetzt schon geschaut,
jetzt schon entwürdigt
vom müden Unwissen
straff geführter und reichlich
benutzter Mundwerke in den
Vorräumen hoch gezüchteten
Schwachsinns, den Schulen.

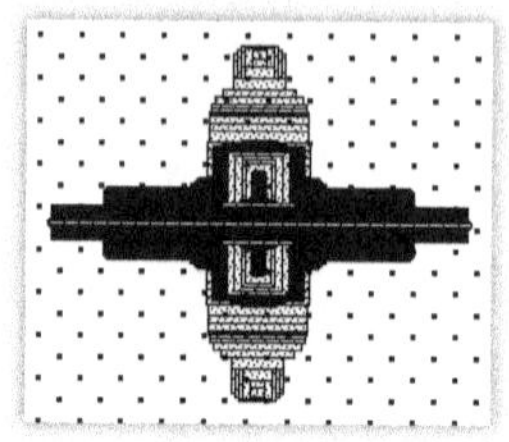

Rückflug

Von Bildern schwer,
rollen die Flüsse
rückwärts nach innen.

Ihre Frucht lastet
auf dem Grund, zeitlos
in ehernen Gebärden.

Keine Tat reicht hierhin.
Kein Wort umschriebe sie.
Sie ist ungeformt in allem
und jedes Ding verdunkelt sie.

Sie ist dem Wissen Grenze
und Kraft dem Schwachen,
auf dass es ganz erfasse,
welches Sinnen es betrogen hat.

Sie ist vielfach und uferlos.
Ihre Schwingen rütteln fest
an jeder Schale, die sich
vor sich selbst versteckt.

Rückspiel

Die Vermutung zu wissen,
lässt aufhorchen. Wo aber liegt
das belobte Land eingegraben?

In die Dünen abgesackter Freude
fällt ein Stern Lüg-mich-nicht-an!
Er hängt an verbauten Himmeln.
Jetzt ist er hin, von Menschenhand
zu hart berührt.

In der Wüste ist kein Zuhause.
Mir geht Heimat ab, die ich nie besaß.
Wann zurück? Aderlass gab es genug.

Stellt sich zuletzt Einsicht ein,
ist ihr Liebreiz bald fort. Daher,
erkenne so spät wie möglich.

Ungeschoren die Sprüchemacher.
Überdauern wäre schön, nur nicht
hier. Rüstzeug leider mangelhaft.

Beruf ist keine Berufung. Vom Ruf
darf der Seher nicht leben dürfen.

Welches Leben ist es *nicht* wert
von der Zwangsjacke Irreführung
dauerhaft verschont zu bleiben?

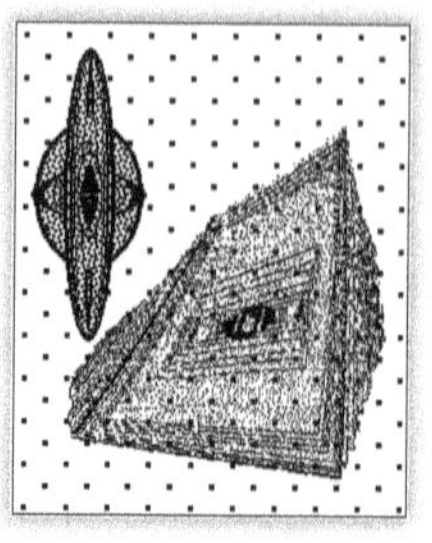

Rumpelkammer

Aufgebot an Wissen.
Hautnah Legionen
des Überlieferten.

Kein Gott neben
dem Menschen
dreist geduldet.

Elitäres Gerümpel
läuft Sturm gegen
tiefere Einsicht.

Den Kern abgeben:
besonders beliebt!

Ergiebigeres Tun
unlängst verpönt,
aus guten Gründen.

Mündig werden,
generell untersagt.

Saatgut

Klagen im Hinterhof
verendend aufgebraucht.
Gebückt ihr weicher Klang
unter schwingenden Fernen.
Sie finden zurück ins Unterland
in verbogenen Särgen.

Entsprungen eherne Söhne
dem Vorraum der Wende.
Sonnenglut einverleibt.
Not ist nicht ihr Haus.
Dennoch, Schmach entsandt
in vergeudete Reiche.

Neu gestimmt die Harfen
verblichener Töne.
Sie spinnen die Höhen reich
in die Gesänge der Vertriebenen.
Ruhe im Land des Erhabenen,
stumm auf Sinn gebaut.

Düster die Fruchtlosen.
Offen ihre Häupter genarrter Willen.
Im Ozean der Räume ist Sterben
unbekannt. Eingenäht die Ziele.
Fleischlos die Begierde.

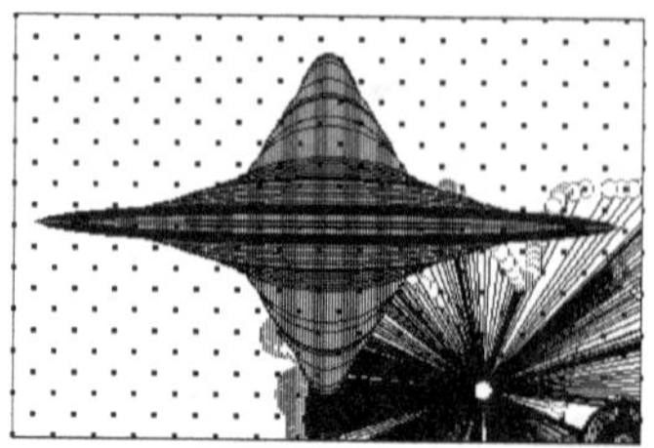

Saga

Strandgut, alles Versäumte!
Angereichert mit Wehmut das Wissen.
Abwesend die sonnigen Gefilde
höheren Gottseins, das nicht schreit,
noch bedarf. Ausstand.

Bald wird es frieren in den Städten,
die schief in den Asphalt gebeugt
nur zögernd ihr Ich gebären.
Es reicht nicht aus. Es will Ufer sein
und ist doch nur Sand.

Ich liebe die Zierden deines hohen Leibes,
der wie ein Zeichen in diese Welt gesetzt
und gehorsam in ihr gebiert. Deine Frucht
ist mächtig. Sie entzweit jeden Stein. Jeder Fels
ist Untergang in deine makellosen Stillen.

Sarajevo

Mit dir, Sarajevo, brennt Griechenland,
die Musen und Apoll! Auch Herakles ging.
Nur Medusa blieb im Schutt gebrochener
Herzen zurück.

Heimatlos die Sanftmut! Geschändet
ihr dürrer Leib. Und niemand der Buße tut.

Täter kann auch der Untätige sein.
Und nichts tun, *ist* Bluttat, wenn
der Unschuld Schrei unerwidert bleibt.

Wer untätig bleibt, kann nicht glaubhaft
vom Guten reden, da er es nicht will!
Unser aller Tod ist die Gleichgültigkeit
hinter mehrmals verschlossenen Türen.

Phobos kam und säte krankes Blut
auf die Altäre der Verweigerung
und wehte in die gläsernen Herzen
von Sarajevos Kinder, die entrissen
dem kurzen Traum vom Glück frieren
an der Kälte der Menschen Wahl.

Wo ward dein Erbe dreister geächtet
und stolzer geschändet, Sokrates?
Wo ist widerlicher Tod der Bruder
der Reinheit und seine Schwester,
die Abfuhr, bedrohlicher und kranker?

Abendland, du ausgedienter Stern!
Deine Väter leben nicht mehr.
Sokrates fiel in Sarajevos Gassen
und Platon ertrank im Meer der Gier.

Alle Musen gingen lautlos ein
an deiner Absage, Mensch, dich
selbst zu sein.

Satori

Es gibt ein Leben, das sich selbst genügt,
das vom Morgen unbefragt
und vom Vergangenen entbunden
nur sich selber anschaut und sieht.

Es gibt ein Sehen, das in sich selbst verloren scheint
und darum findet, das aus den Sinnen wächst
und groß wird, weil es nicht belehren will.

Es gibt ein Streben, das mit sich selbst verwandt
Verneinung ist, das in der Höhe Tiefe, im Dunkel
Licht erkennt und sich selbst vergessen kann.

Es gibt ein Wirken, das nicht befiehlt, nur fließt,
das sich selber aufgibt und daher *ist*,
das in sich blickend das Andere sieht und daher liebt.

Skarabäus

Heilig an dir dein Panzer,
der wuchernd Werden
aus dem Unsagbaren rief.
Dort äugt es tief und heilt
unberührt vom Diktat der Zeit.

Wahr an dir dein Flügelmantel
steten Neubeginns, der geschlossen
wie ein Blütenkreis dich vom Niedergang
zu neuem Sein immer neu entführt.

Du Gott der Sonne, der rot
den Morgen fordernd will.
Ungestillt deine Reisen
in die Fänge des Scheins.

Dein Schicksal ist eine Kraft,
die du nicht zähmst!
Gib sie ab ins Menschental,
du schillernder Gott von einst.

Schöne Tage,

wenn der Nebel sich lichtet,
wenn das Unbefangene aufleuchtet
in klaren Formen, wenn alter Groll
in ein Meer der Ruhe sinkt
und Stille an Gestalt gewinnt
in einer Welt erneuerter Helle.

Dann ist es Zeit aufzubrechen
und alle Sinne neu zu schärfen,
mit hohem Leben dich zu umfrieden,
mit dem besseren Klang des Stillens
deine Wege zu belegen, das dir,
dem Bleibenden, im Kern seit jeher
eigen ist.
Du bist aufgebrochen um zu *dienen*:
ein Anderes liegt dir nicht!

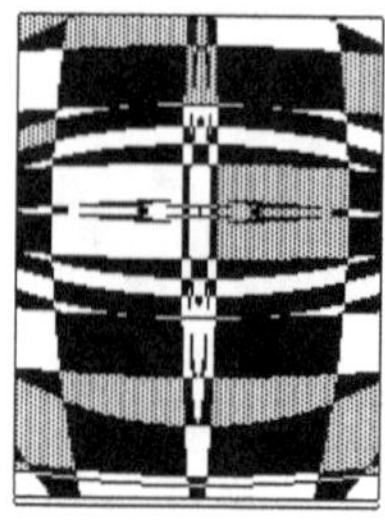

Schulen

Tretmühlen im Geistlosen.
Huren der Macht.
Eure einzige Entschuldigung:
Ihr wart überfordert!

Seelen-Fuga

Die Kunst gegenläufiger Polyphonie
in der klingenden Vielfalt des Geistes
ergibt sich folgerichtig aus einem
vielschichtigen Bewusstseinsgebilde,
das wahrhaftige Werkzeug auf dem Gott
sich selber antithetisch spielt.

Eine erste Stimme will keck nach oben,
eine zweite folgt eilends dagegen, gießt
in unberührte Sphären den gestaltenden
Geist. In fassbares Land geht sein setzender
Wille über. Sprachloses sucht den Begriff,
verweilt wohl sorglos im Höchsten, doch
auch unversucht und nur spärlich kreativ.

Eine andere Weise gesellt sich hinzu:
sie, des Menschen Geschick, gemacht
aus Tränen und bitterster Einsamkeit,
das Brot aller Zauderer und Nörgler,
klafft in jedem Spalt des Lebendigen.
Christus hat alle Fugen fest verschlossen
mit schnörkellosem Wissen und Verzicht,
über den Tod hinaus.

Auf dem Bau des Menschengeschlechts
ist weiterhin ungenierter Verrat üblich.
Dennoch singt Not vom Gott der Liebe
mit jeder Zähre. Er, der rein daherkam,
zeigt seinen Glanz den Liebenden.

Und trunken vor Glück, umschlungen,
torkeln sie in vielfach erneuertes Leben,
das mit Milde in alle Welten einbricht.

So ist der Vater das Herz und Heilmacher
der Sohn. Der Geist aber beseelt beide.
Ihm liegen die Sterne zu Füßen und alle
nahenden Leben. Und keiner bedrängt
den frei Hingegangenen, der ein Kreuz nahm,
um zu erlösen die Welt: sie kommt nur
mit Not dem erforderlichen Wissen näher!
Selbstregulierend gewiss, doch *nicht*
sich selbst erlösend ist das Seiende.

Eine vierte Stimme ist das Streben
in den Kern. Hier stimmt Gott mit leisen
Tönen auf *seine* Weise dich ein.
Wie in einem vertrackten Kanon von Bach
legt er Krebsgang und Spiegelbild an,
worin der Hörende sich selbst erkennt.
Jeder Gegenstimme entspricht Gewaltiges:
Symmetrie! Im Kontrapunkt wächst
jähe Spannung aus dem Korrelieren
thematischer Divergenz. Polarität ist
kontrapunktisches Schreiten im Kanon
des Lebens. Und du weißt bloß
um *deine* Stimme, die endlos bedürftig
mit Trümmern sich zufriedengibt!

So lebe dein *ganzes* Leben denn,
das einst dem Licht so nah gewesen.

In den Gehöften der Hörigen ist kein Platz
für Fortkommen. Erlöser ist keiner je sich
selbst gewesen!

Alle Stimmen paart Gott im Finale furioso
seines Opus Magnum, das alle Gegensätze
auflösend die Liebe ist.

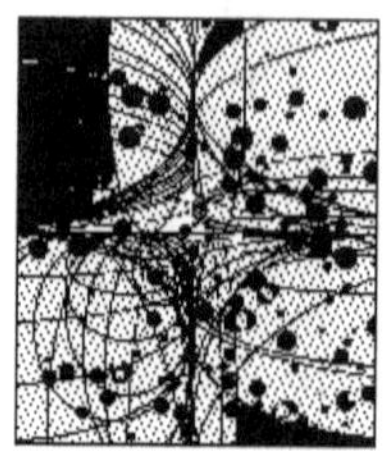

Seelentöter

Schlachthöfe,
die dunklen Hallen
des Fühlens!

In ihnen gebieten
die alten Mühlen.
Und keiner weiß,
wie lange du in ihnen
noch mahlen musst.

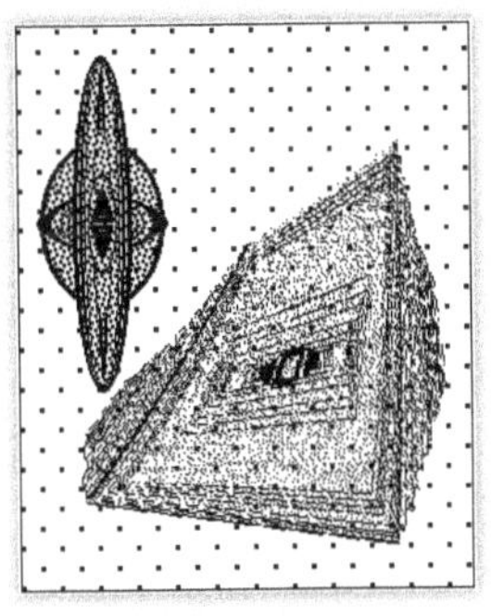

Sei Wegbereiter du

Sei Wegbereiter den Ahnungslosen
unter der fahlen Sichel des Mondes!

Der Hammer der Plagen entzweit das Land
mit Macht und eherner Härte. Er ist Gesetz.

Ein Wanderer der Mensch im Heimatlosen,
in den Mäandern einer unbeachteten Seele.

Wann werden wir wissen dürfen,
dass wir *alle* Auserwählte sind?

Noch ziehen viele Leben in das Land.
Sie erzählen von gewaltiger Fülle dir,
die jeden Mangel mit Einsicht heilt.

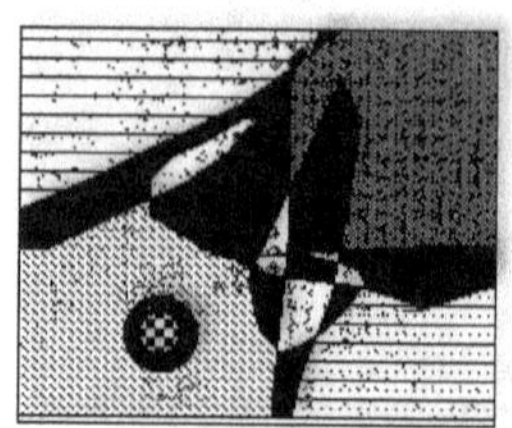

Selbst-Befragung

An jenen Tagen waren die Träume anders.
Sie hingen an Bäumen und kamen wie Räuber
aus den Tiefen der Nacht. Und du hast sie erkannt.

Gebettet wie welke Kränze in duftendem Werk.
Aus ihren krummen Häuptern wuchsen bang
die Stunden, zeitlos aus der Wandlung
dieser einen Nacht.
Und selig wie einst verklangen sie.
Vorüber der letzten Tage schwelgender Pracht.

Was hast du erfahren in diesen Weiten,
dass du dir selber lästern darfst?

Selbst-Findung

Randloses Land,
zeitlos eingebettet dein Blühen
in den Schrein neuer Tempel,
die grundlos fester stehen
und nahtlos höher streben
als alles zuvor Errichtete,
Ersonnene und dann Vernichtete.

Jeder, der dich vermisst, ist arm.

Du bist nicht wählerisch, du weißt.
Du blähst deine Tore nicht auf.
Du bist im Geringen nur noch größer.
Du lockst nicht mit aufgetürmter Leere.
Du gibst dich selber jedem, der schreit.

Stadt künftiger Lichter, gürte mit deinem
Ringen mich, fester und lebendiger noch.
Unter deinen Brücken schlängeln wie Fäden
die Ahnungslosen noch viele Leben durch.

Mache in deinen Händen lautlos groß.

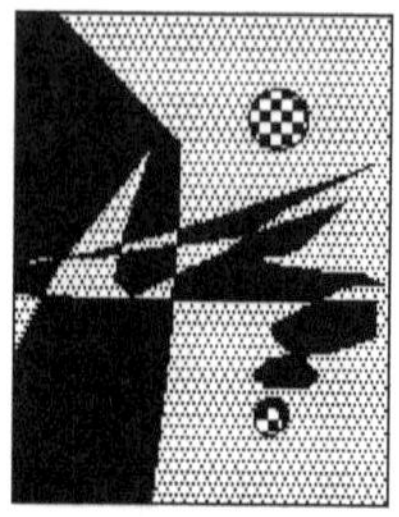

Sie spielen noch

Sie sehen noch
die Dinge sich entschleiern
und verwandeln und öffnen,
weil sie diese nicht befragen.

Sie springen noch
in den Dingen, die berührt
erst leben und wie sie selber
nach dem Lichte streben,
unerhört die Nacht durchdringen
und sie bezwingen.

Sie singen noch
wie an schönen Tagen,
die rein in ihren Köpfen klingen
und unbeschwert
den Augenblick begehen,
als wäre nur er ihr ganzes Geben.

Sie hören noch
die Dinge *sie* befragen
und geben ihnen stumm die Hand,

bis dann im Kreis sie drehen,
unerhört die Grenzen dehnen,
viel weiter als der Erde Rand.

Sie träumen noch
den Dingen wie gebannt entgegen
und reichen ihnen jede Hand.
Und wäre ihre Seele noch frei,
sie würden auch sie weitergeben,
würden tiefer noch sinnen
und jedes Streben wäre ihnen einerlei.

Sieh,
eine Stätte ist in dir bereitet,
die dich erheben könnte,
falls du wie bejahend dich selber
nicht umgehen wolltest und dich hingeben
könntest wie der Wind, der überall nur
sich selbst erfahren wie berauscht erklärt,
er hätte fast vergessen, dass er es selber war.

Sieh,
eine Stätte ist in dir bereitet,
die auf den Krieger wartet lange schon,
damit er sie begehe und begreife,
dass endlos alle Dinge in ihr wartend drehen
und um den Hügel des Versäumten
tagelang die Raben ihren stillen Gesang
nach innen kehren, auf dass niemand erfahre,
wo sie zuletzt entsagend ihren Hunger vermehrt
und sich selbst verraten haben.

Sieh,
eine Stätte ist in dir bereitet,
die selbst dem Geblendeten nicht Ruhe gibt
und darauf besteht ihn zu empören,
ihn zu sich selbst zu führen, auch wenn der Preis
erbarmungslos in der alten Seele brennt
und ihn fast zwingend befragen tut,
wo denn sein *eigener* Kern geblieben?

Sieh,
eine Stätte ist in dir bereitet.

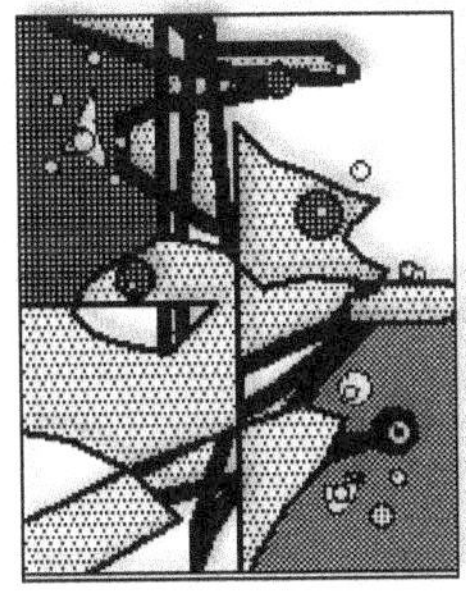

Sinai

Berg aller Berge. Tempel
uralter Sehnsucht
nach dem stillenden Gott.

Alle Stiegen kann die Einsicht
erklimmen. Sie öffnet geweihte
Räume dir, dich befragend
aus einer randlosen Mitte.

Alle Stufen führen nach innen.
Doch vielgestaltig der Schein!
Einzig aber der rastlose Gott.

Im Dornbusch, am Gipfel siehst
brennend und unauslöschlich du
Eigenes wieder, das dich anspricht!
Der Weg zu dir ist der längste.
Gehen wirst du ihn nicht allein.

Und Gott spricht zu dir
aus allen Wesen uferlos.

Kein Gedanke des Lichts,
der Ihm nicht entsprösse!
Heilig, heilig dein Leben,
das einer Quelle gleich Ihm
entsprießt und dich stets
neu und befragend gebiert.

Menschen hören nicht den
erlösenden, inneren Klang.

Gott aber hat Unendliches
mit dir vor, das du erahnst
in deinem fiebrigen Herzen.

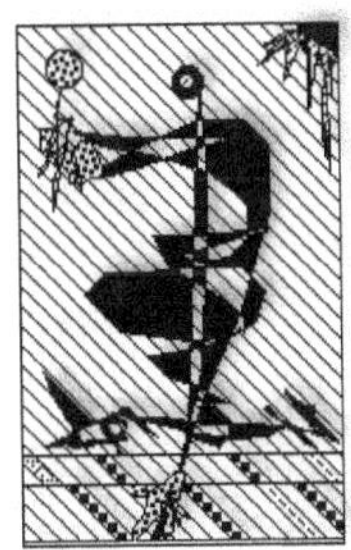

Söhne des Lichts

Ist unser aller Kern nicht aufgehoben
in dem einen Hohen, wie anhaltend
sich mehrendes und bleibendes Gut?

Trägt nicht der Gottheit Schwingen
mit Gleichmut uns und schwerelos
aus den Dingen in ein weit Höheres,
wo klaglos alle Wesen Weite atmen
und sich selbst im Sehen prüfen,
an jedem Hinweis und jedem Strauch?

Und wenn ein erwählter Jüngling dann
zu ihnen käme, sie berührte und mitnähme
in noch helleres Land, würden ihre Herzen
nicht unsäglich im Glücke springen?

Die Söhne des Lichts wandeln unter uns.
In leisen, unauffälligen Scharen versenken
sie ihre Lider in einen neuen Morgen,
der in ihnen randlos tiefer strahlt, zeugend
von neu erschaffenem Leben, wie die immer
labende, alles erquickende Sonne.

Sommer

Deine Schwüle ist gebeugter Herzen Glut
an mit tauben Lidern behangenen Tagen.

In den Stunden, die jetzt wie flach gebogen
liegen und zerrinnen, verstummt die Zeit
und atmet schwerer.

Über gebackene Dächer weit hinweg hören Kinder
in die Stille und rufen in den dünnen Abendwind
ihr Lied der Fülle.

Am Wiesenhang lauscht der Mohn in die
lautbemalte Nacht hinein.
Im Mondschein silberner Kühle ruht der Weiher
wie abgehackt vom Tag verklungener Schwere.

Und bang erwacht der Morgen in fieberndem Flug.
Er wird die Sonne tragen, die sengend ihm die Bahn
erdacht, aus der er nicht entkommen kann.

Wie beim Bruderkuss legt sie ihr Haupt feurig
an seinen Mund und küsst ihn viele Male, bis er
an ihr verbrennen darf.

Sie brennt ihm schwarze Löcher in den hohlen
Schlund und lallt verwegen die Räume an:
Verbrenne Morgen! An dir wird meine Seele
nimmer satt.

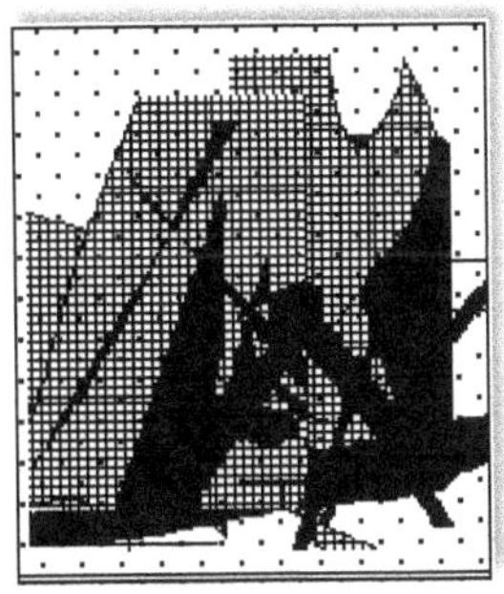

Sonette an die Bedrängten

• Sonett I

Geißeln und töten darf der Mächtige nach Belieben.
Am Beifall der Narren schwellen die Dreisten.
In dunklen Grotten betteln sie um jede Unze Macht,
knien vor dem Starken wie der Ritter vor dem Gral.

Ehrlos die Taten der Knechte! Öde auf allen Wegen.
Macht beugt das Recht wie unnütze Schmiere.
Tote Zeit! Wo darbt der Kelch vergangener Fülle?
Im Exil, Geist und Vernunft. Verpönt das Reine!

Antischöpfung schändet den Tag mit alten Wehen.
In mürrischen Hirnen wuchert verdrängte Furcht.
Die Blumen des Bösen heißen derzeit Indifferenz.

Aufstehend Worte in den Mäandern des Niederen
rufen zum letzten Hahnenschrei über der Wüste.
Der Mensch hat gesprochen: Leben welkt dahin.

• Sonett II

In geballten Fäusten stammelt das Versäumnis
der Ehrlosen. Verlogene Sprüche verschleiern
lang gehegtes Unheil. Bald werden wir wissen,
wen wir riefen, als wir wankten und beschönigten
die Schwere unserer Wahl.

Die Menschen sterben selbst gemachte Tode.
Kein Fatum hat sie gezeugt. Nur die Verbitterung
der eigenen Seele, das Unbehagen ihrer Leere
stiftet den gemeinsamen Tod. Sieh Mensch, du bist
ein Gebeugter ureigenen Willens!

Und wollte ich auch klagen, ich wünschte sehnlicher
mir die Zeit der Helle jetzt, auf dass wir erkennen
die Bestimmung unserer heilenden Mitte, die alle
mit Gleichmut eint und stillt.

Denn Halbwissen heißt des Menschen leidige Last,
die mit jähen Plagen ihn geißelt und an Düsternis
strickt. So werke denn als Knecht des Bösen,
weil dem Lichte, dein Quell, du nicht dienen willst!

• Sonett III

Neuland macht in gequälten Köpfen sich breit.
Abrücken vom Paradigma des Todes. Abrücken
von der Kurzsicht, dem Profit als alleinigen Gott.
Der Drang nach mehr zeugt Missbehagen bloß,
kann stillen nicht die vielfach geprellten Herzen.

Der Seher ward in die Wüste verbannt, auf kargen
Felsen. In diesen hämmert er enthüllende Worte
weissagend ein. Er beugt sich nicht!
Er legt seine Hand in die Wunden einer von Gier
gebeutelten, vom Schein verspotteten Welt.

Finsternis flammt in öden Leibern. Kein Geist nistet
hier! In den Hirnen wuchert mächtig das Blendwerk
der Macht. Den Schergen des Verfalls ist Beifall
durch Verrat gewiss.

Einhandeln tut die Seele den endgültigen Tod sich,
da sie rührt mit Durst und Zerwürfnis an den Willen
des Unbedingten: ohne *erfüllte* Liebe findet sie
in ihren Anfang, dem bildenden Licht, nicht zurück!

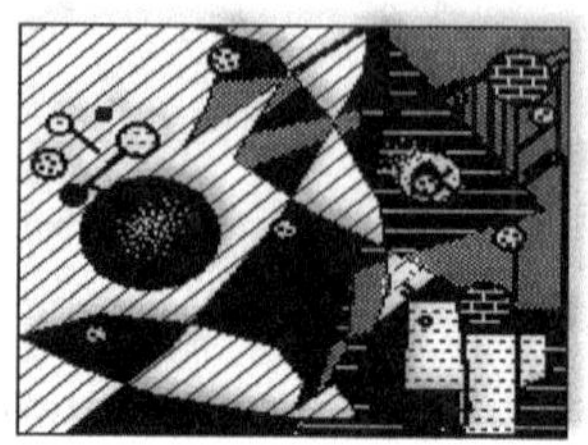

Sonnensturm

Unter den Schwingen geballter Finsternis
gräbt die Erde sich nur noch tiefer ein und
erzählt überstrahlt von geopferten Dingen,
die an fernen Hügeln dereinst erbracht
und die dem Flug der Nacht entronnen,
sich wiederfinden und gestehen, sie hätten
sich fast verfahren geglaubt.

Die Künder großer Stämme dringen in ungeahnte
Tiefen breit und erzwingen feinst erdachte Lieder,
die von kommenden Scharen wie von Göttern
berichten, die sie zu erfahren gedenken, weil sie
vertrauen.

Nicht verzierte Hallen suchen die Kommenden,
nicht Festgefahrenes, nicht Anerkanntes. Nein!
Nur Gewagtes, nur die Hungernden suchen sie
empört. Und manchmal, wie im Gebet, beugen
sie ihr Haupt in *eigenes* Leben, das hellwach
im Kinde noch nach Offenbarung schreit.

Spectre

La vie est une corne sans fond,
remplie de larmes et bonheurs petits
que verse le temps harcelant
dans un monde engourdi.

Et nul amour ne saura assouvir
une tristesse millénaire, figée
dans chaque vitrail de sanctuaire
criant de toutes ses couleurs
combien grisantes dans leurs mystères!

Douleur froide d'un destin oublié,
tu me rattrapes et m'ensorcèles
au carrefour de sombres visions
et que jamais la pensée seule
ne réussira à percer.

Spuk

Im Alter wächst der Mond
ins Schweigen.

Der Eulentanz geschieht nachts,
wenn die Rebstöcke den Boden hauen.

Verlockend tröpfelt der Sommerschnee
vom Altar der Gebeugten.

Weiß der Schild der Reinen.
Nicht jener des Menschen,
dessen Unschuld im Mammon versank.
Stark und starr ist sein Irrbild
den Sümpfen entklommen.
Flüsse sterben *seinen* Tod.
Meere gerinnen zu Kloaken.
Auf seinem Totenschiff
hockt die Narrenkappe einer Waise.

Nur die Lerche zittert noch in den Zweigen:
Gib zurück, gib zurück, was du mir nahmst!

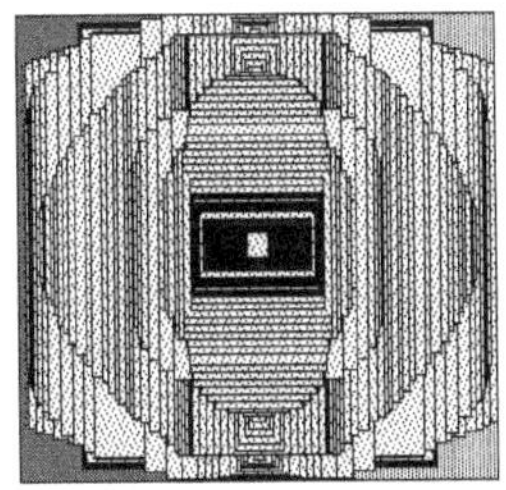

Standort

Was zögerst du Mensch,
im satten Gewand des Nehmenden
abzulegen dieses Kleid,
da es dich niederriss und aussetzte
an den Rand der Wehen?

Wohin reichen deine gestutzten Flügel,
wenn nicht in den schillernden Abgrund,
den du selber vor dir prahlend erschufst?

Dauerten die Dinge nicht heller fort
im stillen Lassen, denn im harten Nehmen?
Wären sie nicht näher dir, wenn du sie
gedeihen ließest und nicht berührtest
und sie aus sich selber klingen ließest?

König ohne Land, dein Besitz ist stumpfes Gold.
Deine Gier, ein kahler Hort im Unerfüllbaren.
Was unteilbar und reich mit dir verwoben einst,
ist jetzt verbogen, ohne Maß und ohne Glanz.

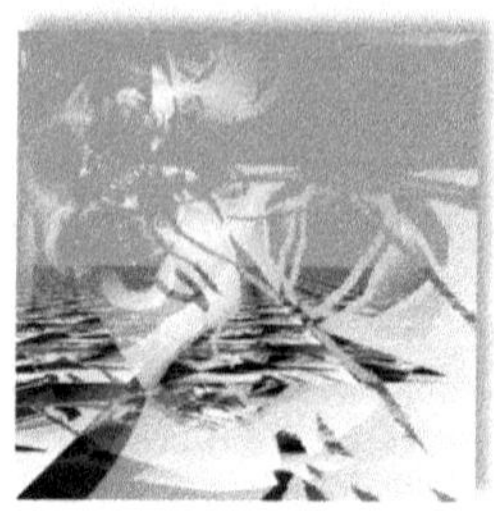

Suche

Heimat, wo bist du?

Unter welchem Stein
dein wahres Antlitz?

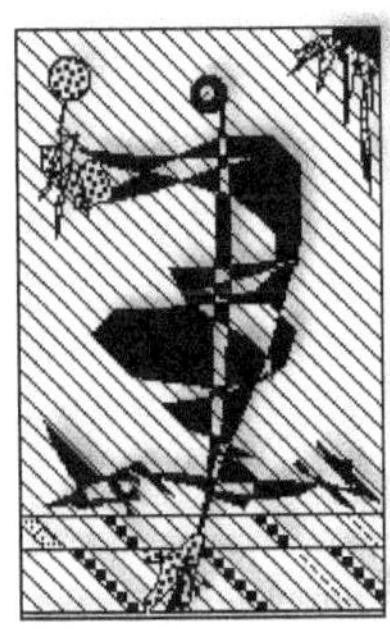

Tagesbeginn

Die Schleier lösen sich.
Schatten werden zu Gemälden.
Über dampfende Felder
humpelt angestrengt die Nacht.
Gar zu kurz war ihr Wirken.
Vergangen ihre dumpfen Gesänge.
Ungehört ihre lockenden Rufe.

Andere Weisen werden besser klingen
und von kühneren Taten berichten,
die überall und tausendfach sich dehnen,
von neu erstandenen Seelen, die ungebändigt
wie Feuer und endlos brennen.

In ihren Händen wächst gewaltig der Tag.

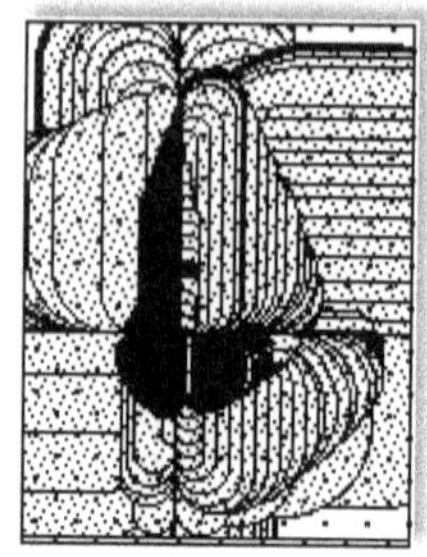

Talfahrt

Billig bist du zu haben
von klein auf.

Knetmühlen sind überall.
Abgebaut wirst du sicherlich.
Überall Strudel nach unten.

Kerzengerade dein Blick
ins Belanglose.

Erwähnt ein Bild von dir,
das du nicht kennst.
Es läuft *vor* dir ab.
Es trifft nicht.

Die Zeit wird kommen,
wo du verzichten kannst.

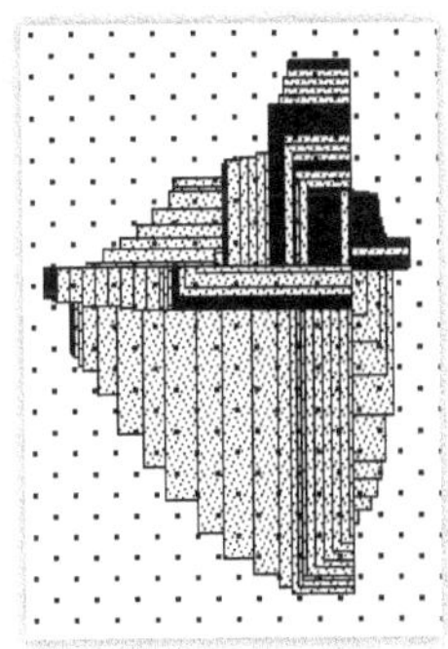

Tatzeit

Trompeten des Trostlosen,

dinggebunden euer Klang
in den Fernen einer Tatzeit,
die umsonst gebiert
in lustlose Hinterhöfe,
in aufgeblähte Finsternis
wo gebeugte Narren
nach außen fallen,

allezeit umsonst.

That's me

I am loved, as I love what I am. I am the answer
to awkward questions. I am not a wish to invent.
I am now, finished and eager to discover *my* truth.

So, why should I disagree with myself as I am
the sunny land outward? I am the squall on your face
that comes with ardent power to bring a new order.

Are you sure that you understand? Mask your voice
with splendor and throw me out if you can. You still
miss the better part of yourself in the court near faith.

My world is clean with hope and trust. I am untold
forever and *must* be what I am so that *you* can last.

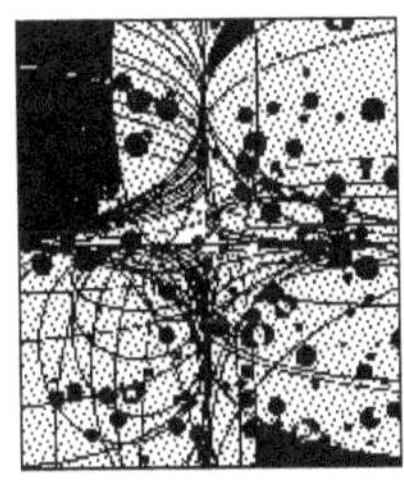

Theorem

Vorgegeben
dein Leben.

Zu beweisen,
seine Machbarkeit.

Kannst du den Beweis
nicht erbringen,

hast du versagt.

Traumzeit

Traumzeit anlegen,
dein Kleid der Kühle
im kochenden Dunst
brummender Städte.

Lebendigkeit einatmen.
Angebrochen der Morgen
einer geleugneten Zeit.

Mühelos vorstoßen
an den Rand der Dinge.
Geben und Nehmen, dein
Kreislauf im Unendlichen.

Von der Puppe Nachtwesen
zum Falter Lichtgestalt.
Aussteigen und aufsteigen.

Wir sprechen alle
dieselbe Sprache,
wenn wir lieben.

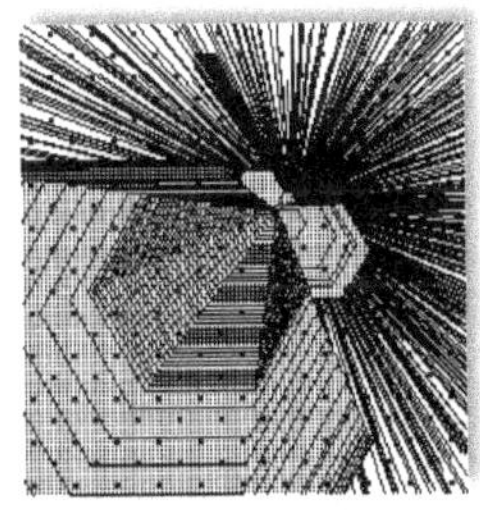

Treibhaus

Köpfe: Mangelware,
linientreu vermarktet.
Abbild der alten.
Auftrag ausgeführt.

Nachbilden beliebt.
Erspart Eigenarten.
Erspart Entfalten.
Erspart Aufruhr.

In den Hirnen nichts Neues.
Fronten abgesichert.
Abgetakelt im Hinterland
die Serenaden des Überholten.

Vormarsch des Unbekannten
unlängst erwartet.
Schlachtplan: beschwichtigen
und alles bleibt beim Alten.

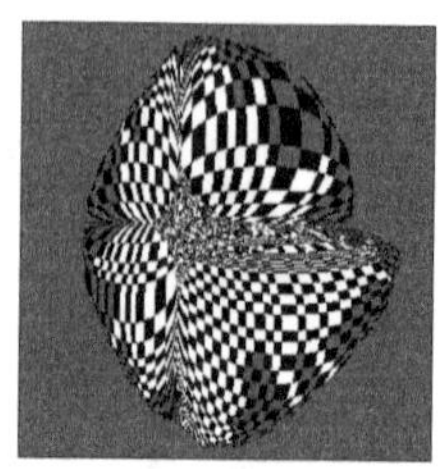

Treibsand

In den Wäldern der Städte
leuchtet der Hunger fahlgelb
über den Bauchhöhlen der Nacht.

Umarme nicht die Steine!
Sie könnten dich drängen
aufzugeben, ehe der Fährmann
dich übersetzen kann.

Länger schon wird gestorben
in den Amtsstuben um die Ecke.

Die Führer verlieren an Bedeutung.
Ihre Uniformen vermodern ekelhaft.
Wie Kandelaber bleich
die Gemäuer ihrer Befehle.
Sie verhallen ungehört.

Krawatten werden aufgeschnürt.
Und erlöst trinken ihre Träger
die Freiheit, die ihnen zusteht.
In Dankbarkeit sterben sie diesen,
ihren letzten Tod.

Trinklied

Eingeflogen ins Café,
à la carte, der Totentanz.
Lieblos sein Eigenruf
in sirrenden Hirnen.

Leib auf immer ungestillt,
sag, dass du willst!
Freier in der Spiegelecke
und sie lachen wild.

Im Absinth ruft der Geist
angeschlagen und ergriffen.
Diener arg geknickter Hirne
rudern in den Fluren.
Atembrand, der Herrenlose,
lugt vor verriegelten Türen.

Ein Sinnen bemäntelt weich
vom Umhang gläserner Gefühle
lallt die Leere an. Hirn in Falten
stillgelegt. Und du, du weinst!

Heute sei der Trunk noch gut.
Er vergisst sie schnell.
Schon der Morgen ahnend graut.
Sehnsucht hat sie alle gefällt.

# Turmbau

Engel verhöhnter Stärke
gehen tief.

Empfangen den Gabengrund
im Dickicht lodernder Städte.

Namenlos die Sieger: unerkannt.
Kein Stein bringt sie ins Rollen.

Keine Sendung in den Augen.
Belehrung aufgebraucht.

Und sie schweigen schon.

Überflutet

Die Zeit der Tiefe ist gekommen.
Sie gräbt in angestaubten Hirnen
verborgene Mäander klaglos um.

Entrückte Sternenhöfe stehen zum
Mahl des Wissens bereit. Ein Gott
ohne Furcht und Anbeginn lädt ein
in den Vorsaal der letzten Mühen.

Hergerichtet ist eine neue Zeit.
In weiße Bänder beseligt gehüllt,
die Herrschaft befreiten Lebens.

Wie bleibe nur ungeschoren ich
am Kreuz halbfertiger Leben?

Und wer möchte nicht trinken
auf die Freiheit von Bindung
und errungener Selbstbejahung?
Allein, beides lahmt in der Gosse,
wo überflutet vom derben Öden
es sein Ableben winselnd bereut.

Maß aller Dinge, dein verkannter Weg
ward zertrampelt vom Unwissen vieler.

Übergang

Tagträumer,
Engel der Vollendung
heben dein Übermaß an Furcht
über den großen Teich,
krallen ihre Wangen
in deinen leisen Kummer,
der im Bereuen noch wächst
und unbestelltes Land
vergeblich benetzt.

Doch dann entgleitest du
auf unbefleckten Schwingen
deiner alten Bürde und den Makeln,
entschwindest sanft dem Unding
deiner Zugeständnisse,
doch erkennst zu spät ihren Preis,

dein ausgesetztes Leben.

Und Gott sprach

Baue eine Friedenshütte aus den Flammen
deiner Seele mir! Lasse ruhen die Bitterkeit
verflossener Tage, die dich gebracht um ein
altverdientes Glück.

Du bist Licht einer Welt gestutzten Seins.
Deine Stimme dringt tiefer als alle Wege
im Ich. Sie verspotten den Geist mit Enge,
die über dich gestreift ward wie ein Kleid
unseliger Mühen.

Du aber drifte tiefer in den eigenen Kern,
der noch wie verhüllt daliegt, gleichwohl
kraftvoll dich bildend in loderndem Leben,
das dein Pfand zur Lösung ist vom diesem
alten Erdenbund.

Und erfasse einem Sprosse gleich, wie mächtig
keimend in dir ein Sehen sich auftut, du wallender
Geist der Frühe, der mit deinem Streben erst ganz
geworden und tatenvoll dich hinausführt, weil du
der gemehrten Fülle in dir dich nie entzogen hast!

Leihe nur dein Antlitz mir und verzage nicht:
Du bist Sternenflirr den Bedürftigen im Bund
einer neuen Zeit! Und dauerhaft, weil immer
anrührend meinen Geist, der jede Kreatur
mit Einsicht versöhnt und für immer eint.

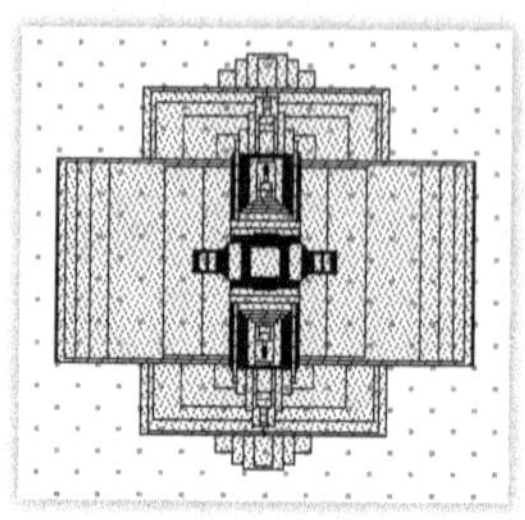

Unsichtbar das Wissen

Im Sumpf der Trübfischer
ist kein Morgen in Sicht.
Und zöge ein Gott auch
mit hellen Gebärden
in ihre Herzen ein, sie sähen
den Stiller aller Mühen nicht
als Eigenes!

Nach *außen* gerichteter Geist
rennt blind am Hohen vorbei.
Kein Engel kann ihn
zu sich selber führen.

Nur die eigene Stimme, für immer
unbenannt, ragt über den Schein.

Erlernt jedes Übel! Wer höher will,
meidet Gegenständliches.

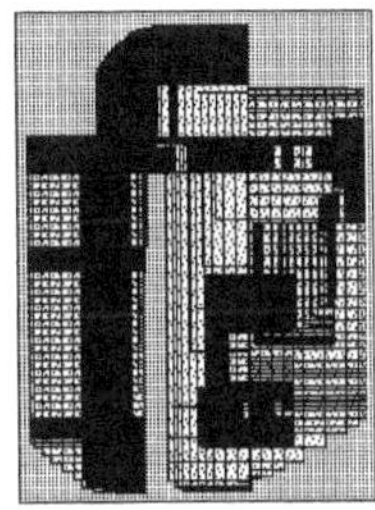

Unter Glas

Wo Dornen säumen
die Welt, träumt
eine Seele unter Glas.
Jedes Rauschen im Wind
ist für sie wie ein Schlag.
Jeder Regen ein Ertrinken,
unter Glas.

Die Tage vergehen
wie müde Wächter.
Leer klafft ein gebauter
Himmel in den Raum.
Auf die Wege fallen
vereinzelt Tropfen.

Nur drüben ist die Sehnsucht
noch nicht verbraucht.

Vernissage

Bilderschau. Innenschau.
Viele sehen nicht. Viele
hören nicht den Redner,
der wie verklärt ein Exponat
bespricht, in kunstvolle
Wörter eine Seele taucht,
die rügend um Hilfe schreit.

Irgendwo ein Glas Sekt.
Es hebt sich leicht.
Irgendwie versteht man nicht.
Viel Schnörkel. Viel Verstand
vergeudet an nebligen Reden.

Dann Applaus! Wem denn?
Der gut gekleideten Dame?
Dem viel beachteten Herrn?
Modeschau.
Dort in der Menge noch eins.

Ein zaghafter Schritt
auf den Imbiss zu,
der feine Tische ziert.

Wer wird es wagen zuerst?
Wer schaut erstmals die *Bilder*
an der Wand, die wie gekreuzigt
sich strecken und recken und
nicht mehr Bild sein wollen, hier.

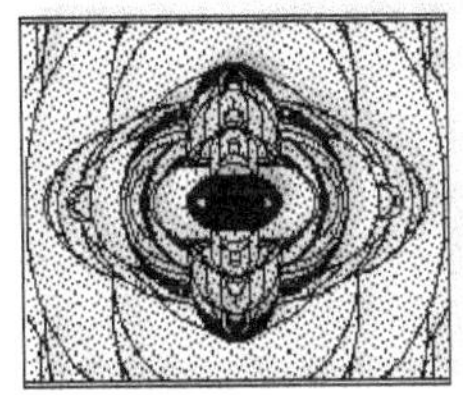

Verordnung

Am Mittelmaß
und Nebensächlichen
soll jeder sich messen,
so verordnen wir,
damit auch alles,
und darauf bestehen wir
(aus guten Gründen),
beim Alten bleibt.

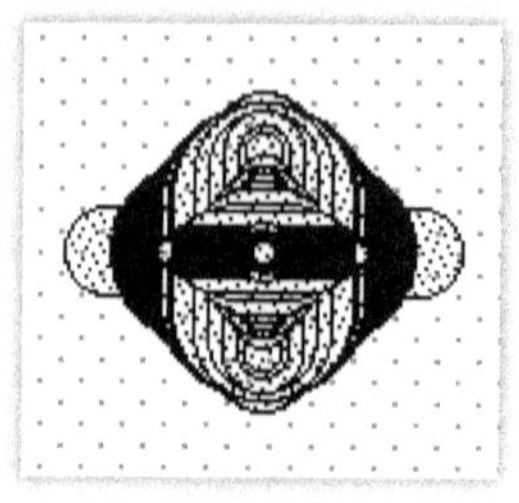

Versöhnung

Wie kann ich in deiner Mitte wohnen,
wenn du mir die Fülle absprichst,
die *mein eigen* ist und in dir verloren
seit Jahrtausenden irrt?

Gewiss bist du endlos in mir.
Dennoch versagst du leicht am Vorgelebten,
das in mir die größeren Wunden reißt
und nicht loslässt und fast wie Liebe ist.

Wehen werden nicht geboren: sie *sind*.
Sie zu benennen oder zu verneinen,
wäre nicht genug. Sie stürben nicht.
Sie sind dein Leben, das dir jetzt *fehlt*.
Sie sind Verlies im mutlos Versäumten.

Du denkst, du seist nicht genug,
es wäre Mangel *in* dir: Du irrst!
Du bist das Ganze im scheinbar Geteilten.
Du bist Bettler, König und Erbauer zugleich.

Du bist nach innen ein Größeres.

Verstehe doch

Aufgebrochen das Wort im Kern.
Sinn ward ihm rein entnommen.
Er wurde nicht greifbarer drum.

Unberührt die Tabernakel im Ewigen.
Sie strahlen in den gläsernen Hallen
des dreieinigen Gottes nur heller noch.

Wann tilgtest du die Makel der Angst,
die vom Überhang ungenutzter Zeit
dich kraftlos in diese Welt entließen?

Leben die besungenen Schwäne noch?
Kämen sie über *diesen* Winter nur
und hörten von der einstigen Fülle neu
im umgepackten Seherwort!

Indes, wer suchte dich zu stillen schon,
außer ein Kelch verschlagener Lügen,
den Vertraute dir mit übler List gereicht!

Du hast abseits gewirkt, wie übersehen,
und unmerklich in dich hineingeschrien.

Den Bütteln aber, hast du dich nie gebeugt!

Vie nouvelle

Oui, je suis savoir d'ailleurs,
énigme étrange dans un monde
qui me fait rugir d'effroi et
de solitude à chaque bouffée
de réveil.

Oui, je suis dormeur palpitant
en ces terres arides qui fouettent
le beau vécu de mille plaies.
Ainsi, le refuge est en moi,
cité de toutes les soifs comblées.

Oui, je suis portique vers un moi
sublime, vers l'insaisissable en toi,
mon Dieu, ma seule et juste patrie.

Vision

Ferngesandt das Unschaubare,
das den Abgrund einst mit Flügeln
säumte, die unbehindert wuchsen
in tiefere Regionen ureigener Lust.

Frohgestimmt, endlich, das Vermächtnis
gewaltiger Schimären, die ungesehen
vorübertreiben, aber immer noch sind.

Warten wie ein Sieger im gelobten Land,
das unter den Flüssen schwimmt und
trotzdem singt. Einmal war ich dort.
Vielleicht auch öfters. Im Schlaf war ich
fort und dennoch in mich selbst gekehrt.
Ich schaute hinein wie ein Kind
in den Traum, der sich zu öffnen begann,
ohne ihn zu befragen und ohne Grund.
Ich sah ihn fließen in fremde Gärten
und Zypressen neigten ihre Kronen tief
in mich hinein. Nie bemerkte Früchte lagen
dem Sehenden zu Füßen und irgendwo
lockten, vertraut und fremd zugleich, gläsern
Gesänge wie einst im fernen Theben. Ich sah
wie in Dunst getaucht neu erstandene Städte,
geballte Türme eines neuen Strebens, das nur
zu sich selber dringt und stets sich neu erfindet
und niemals ruht.

Verlaufen längst das noch zu Gerinnende.

Entfacht die Stimmen der Genügsamen,
die bedürfen und nicht wollen. Entrückt
die langen Greifer gebrochener Gestalten.
Enthüllt die Suche nach dem Ungeborenen,
das in welken Regionen unbehelligt
dahinschwirrt wie ein Drache in der Nacht
und sie nicht durchdringen kann. Es hält
sich selbst zurück.

Ungebändigt aber, endlos, königlich,
dein Drängen in die eigene Mitte.

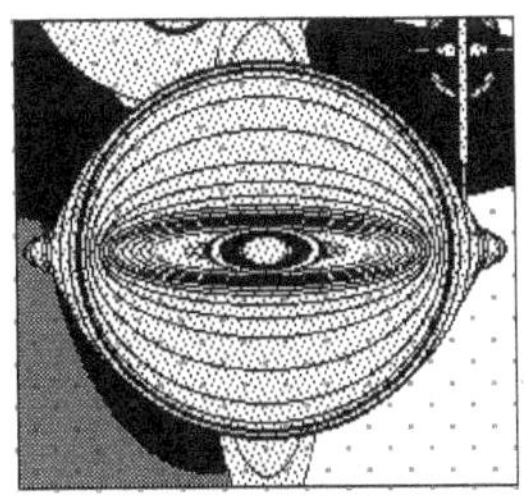

Vom alten Paradigma

Ihr,
die ihr spottenden Mundes
die Erde niederwalzt
und selbst im Erlöschen
euch noch krümmt,
wisset die Hauptlast trägt
der entmündigte Kopf!
In ihm wuchert schamlos
Selbst-Betrug aus Furcht.

Wer aber sich selber aufgibt
aus Folgsamkeit schändet
die Welt mit Angst, fügt ihr
ungeahnte Wunden zu!

Der kommende Mensch
ist ein anderer. Er beugt
sich niemandem.
Sein Weg ist der innere Gott.
Er achtet die Welt, indem er
sich selber liebt.

Vom Kommenden

Reinigend die Feuer der Allmacht.
Aufgebraucht das Fest der prallen Leiber.
Heimgang in ein Höheres ist angesagt.

Hinübergehen ist nicht Leid,
ist ein Trauriges nicht.
In die Schalen des Himmels
ist der Gottheit erhabenster Namen
für immer eingepflanzt.

Und tiefer sucht keine Hand die andere.
Sie weiß nicht, dass Gewaltiges sie führt
in unwandelbaren Gebärden.

Ohne Schatten dein innerstes Angesicht.
Gefeiert dein Mut zur Wahrheit, Mensch,
in dem einen dich stetig spiegelnden Gott.

Vom peinlichen Leben

Vom peinlichen Leben haben wir genug.

Es griff in die Herzen bekümmernd ein
und ließ alles Sehnen sprachlos zurück.

Wann strömt Wärme verklärend nieder?
Wann sind wir alle nur Liebende noch
in dem einen, die Fülle atmenden Gott?

Niemand, der am Verborgenen baut,
der sich selber nicht in Freuden will!

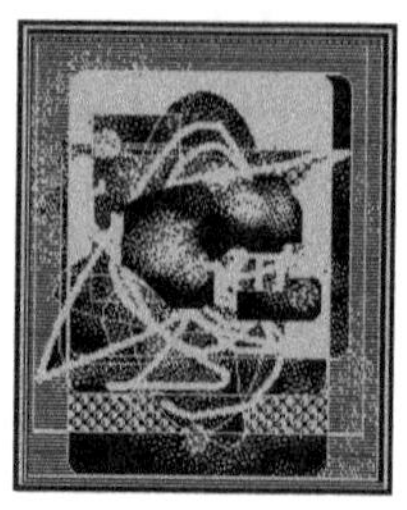

Vom Wahren

Unergründlich
ist nur
das *ganze* Wahre.

Verdreht die Einsicht
vom lässigen Nehmen.
Sie verharrt aufgebahrt
im Trüben, bis ein Gott
sie trägt, dreimal rufend
um die ganze Welt.

Die Menschen bauen
auf zerfallenden Stein.
Die Seher aber rufen
das Namenlose
brüllend nach unten.

Von der eigenen Stimme

Mächtig der Urgrund *deiner* Stimme.
Du, Anbeginn des Schönen in Gott!

Vor aller Zeit warst du noch ganz.
In deine Mitte, die im Wissen wohnt,
ging leisen Schrittes der Höchste ein.

Kein Gott im Reich der Mühen. Freudlos
friert der Zermürbte an den Ufern der Zeit.
Jede Fron ist düsteres Gottvergessen nur!

Von den Schalen alter Furcht geblendet,
siehst du den Kern der Betrübnis nicht,
der dich erheben könnte weit über sie.

Nah der Gott dir, ungehört und so reich!
Nur Kinderohren ahnen, fern dem Lärm
der Dünkel, seine alles erneuernde Kraft.

Angesiedelt in den Hirnen getürmter Monde,
in sich selbst vergraben und stumm bedacht
das lustlose Ringen beschnittener Engel,
die dennoch wachen als führten sie den Atem
ausgesandter Winde in die zeitlosen Häfen
unantastbarer Stillen.
Könnten sie nur in ihr Verborgenes zurück,
sie würden nicht bereuen, dass sie es sind!

Türme erlöster Städte verweigern sich dem
Erbauer. Ruhend ihre geballten Fäuste,
die bald aufgelöst jede Stirn bezeigen und
sich leicht ins Uferlose weiten, als gäbe es
sie schon viele Male dort in jedem Bild.
Verbrüderung ward in ihnen selbst gemacht
und hat sie aufgebraucht in größerem Ringen,
dass sie befreit und erhört zugleich
sich geschmeidiger winden in jeden Traum
hinein, in jede Stadt, die wacht.

Eingelöst die Herrschaft zürnender Verlierer
in blühendes Land, das Schatten wie Lichter wirft.
Verheißen das Unbefleckte an verkannten Ufern,
das wartet und wie verglast aus rohen
Felsen rinnt. Es ruft aus den aufgetanen Buchten
reinster Seelen in alle Teile seines Tuns hinein
und geht versöhnend in den Wandel ein,
der alle Bedrängten besingt und nahtlos eint.

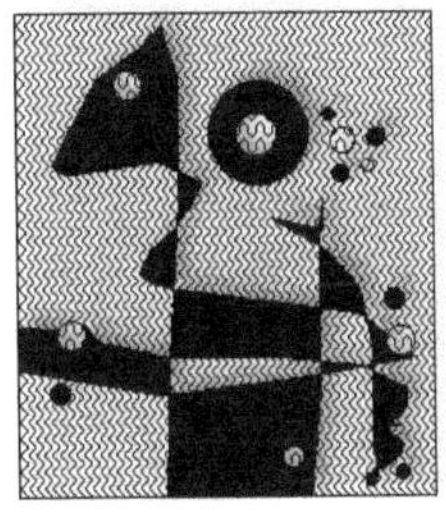

Vorstufe

Man wird die Gebeine nehmen
für das, was sie erschuf
und sagen, es sei tot!

Man wird den Unterschied
nicht messen können
und diesen Schluss anbringen,
der endgültig sein muss
und nach reichlicher Überlegung
auch wissenschaftlich.

Freilich, wird es immer wieder
welche geben, die mit *so wenig*
sich nie abfinden werden.

Vorüber der Sommer

Ich, Geschöpf eines fernen Gottes,
verwalte sein Erbe mit Unwissen,
lebe die Tage tot mit ausgerenkten
Sinnen und gehe am Ende in pralle
Helle ein, die mich fast erschlägt.

Ich, Sohn eines Gottes, verstehe nicht,
wie zuflüsternd und drängend er mir
verriet: Du und Ich sind *eins*. Wenn alle
Blindheit geschlagen am Boden liegt,
werde erneuert der alte Erdenbund!

Vater, Sohn und Geist durchwandern
alle Welten.
Alles ist wesenhaft, wo immer es wirkt.
Dennoch, kein Sein gründet in der Form.
Kein Geschaffenes erzeugt sich selbst.
Kein Sein im Anbeginn kann *alles* sein.

Verkünde den Betrogenen ihr jähes Glück:
Der Gott, dem sie sich verweigern, ist doch
ihr *eigener* Kern!

Warnung

Dein Blick tut weh.

Er reicht nicht tief genug.
Er verunstaltet den Tag,
der umsonst entsteht.

Er ist gefügig und daher arm.

Er ist ein Kerker fremd gebaut,
unterkühlt vom Gehaltlosen
und streng bewacht. Er dürstet.

Er ruft nach innen.

Warum

Sind denn augenlose Krüppel
aus dunkler Bestimmung wir,
Gesetzlose fern unserem Heil?

Wo Geist nicht ist, schafft Mangel
Gewalt und Versäumnis am Gegenüber.
Denn Gesetz ist, dass Zerstörung befällt,
was vom Geist nicht getragen
prahlend sich *neben* ihn stellt.

Gott geht allen verloren, die ihn
als Umkehrbild fordernd lieben.

Was wenn

Nichts wäre, wäre Gott
nicht ganz in dir.
Du wärest nicht einmal
einen Augenblick lang.

Und Gott wäre nicht,
wärest *du* nicht in Ihm.

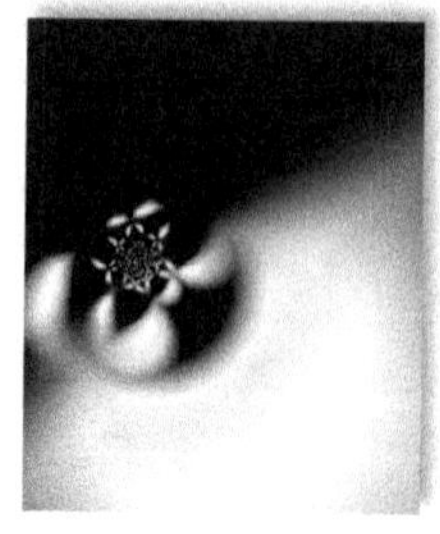

Weg

Im Eilschritt
zum Ganzen hin.

Alle Gaben
umringen.

Führen
ohne Belehrung.

Greifbares erringen
in dir.

Drüben sein
und erstehen
lebendiger noch.

Weghören können.

Ablegen einst
in Freude.

Wegbilder

Rufe nach dem Ungehörten,
das in dir die größeren Wellen schlägt
und in schwülen Nächten dich
wie einen Bräutigam eng umwirbt.

Verfüge über die Haltlosen, die nackt
und offen an gestrandeten Reichen liegen.
Gib sie ihren eigenen Fernen zurück!

Über den Wasserspiegeln steigen Hände
aus klaren Tagen in das Morgenlicht.
Sie bringen ausgetragene Leben,
wie Schätze, dankbar zurück.

Hohn den verbotenen Siegeln,
die tiefe Wunden nur noch tiefer reißen
ohne jemals Einblick in sich selbst
zu begehren und nicht wissen wollen,
dass sie nur am Draußen dürsten.

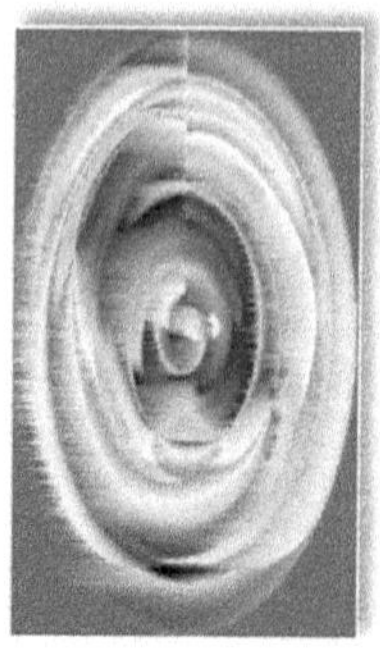

Wegweisend

Gemacht werden,
die Regel.

Sich selbst anpeilen?
Auf keinen Fall, sonst:

Aufruhr,
Auflehnung,
Ablehnung,

da Gewinn an Einsicht.

Dann lieber verbieten.

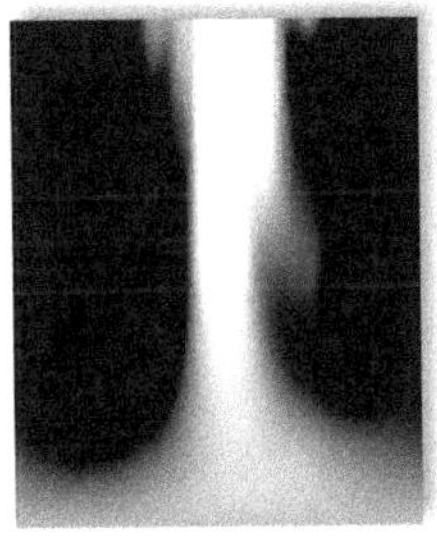

Weisheit

Und wieder einer,
der gewichtige Bücher schreibt,
von Dingen redet, die er nicht *ist*
und darum über sie nichts weiß.

Du erlernst den Schein von klein auf,
mit der Schwärze der Tinte und siehst
nie den Kern, nie das Morgenlicht.
Darum glaubst du, *er* sei du.

Die Seele aber bleibt unberührt,
wissend in der Stille zurück.
Sie weiß ohne das Wort der Makel.
Sie muss nicht sagen, um zu sein.
Sie will strahlen Einsicht nur
an den Hort selbst gemachter Öde,
der von Zweifeln geplagt,
sich selber nicht kennen will,
der fremdgesteuert leise klagt:

Ich darf nicht sein, was ich bin!
Ich muss zurück, um es zu werden.

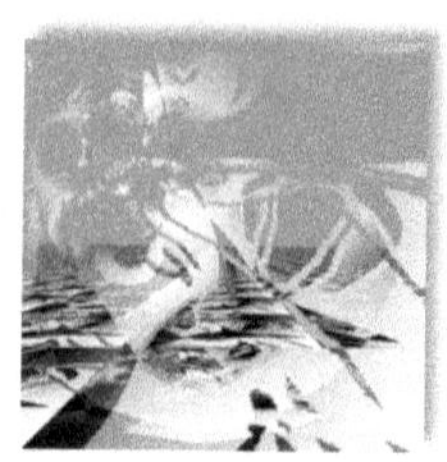

Weitblick

Ansturm der Fülle.
Kraft im Kern.

Alle Dinge leben dort
ein Größeres,
vom Menschen
allezeit unbemerkt.

Weite Sonne

Sonnentage,
sie liegen weit zurück.
Verklungen,
nie zu Ende gedacht.

Dunkel umrandet
zerbrechliche Strände,
die im Spiel der Wasser
sich ahnungslos betören,
ohne zu wissen,
dass im Hinterland
noch verborgen,
aber wachsam
die Kunde gewaltiger Fülle
unaufhaltsam geht
und jede Insel des Verlogenen
unwiderruflich einnehmen wird,
auf dass das Ganze wiederfinde,
was es einst sich selbst genommen
und um welches es betrogen
viele Geschlechter lang
nur noch tiefer irren muss.

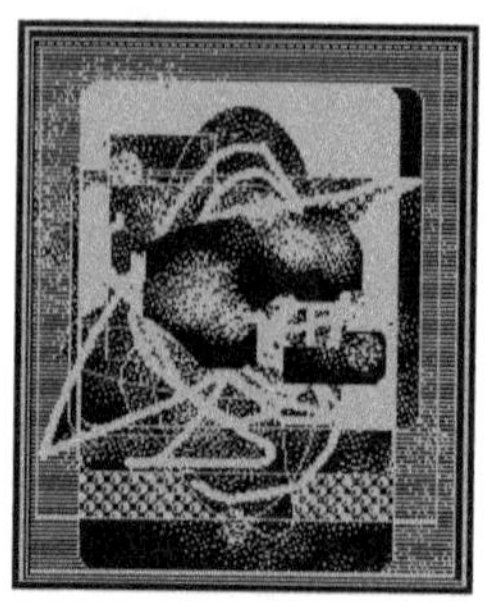

Welten-Formel

Poetisierte Zahlform-Theorie

Helfen tut wacher Geist mir dabei zu rühren
an den Welten Grund. Nicht ein Weg
führt an der geweihten Zahl vorbei,
die alsbald unsäglich gedrückt, dann endlos
gestreckt in zahllosen Räumen leichtfüßig springt,
derweil am Ort angekommen nur sich selber ist.

Nichts erhabener als Vollendung
und abgeschlossen ist das bipolare Bild
der Zahlform nach dem Durchlaufen verflochtener
Wege erst! Am verborgenen Zielpunkt
ist sie wieder *fest*. So lautet das Gesetz von oben:
es soll münden in wechselnd Verhülltes *fast*
spiegelgleich als Zahlform-Gebilde.
In ihm schwingt das *ganze* Sein mit Wohllaut
auf allen vom Denken geformten Ebenen.
Was *gesetzt* ist, *ist* auch! Und kein Teil,
der auf den Weg zu sich selbst nicht schon ganz ist.
Urheber und Geschöpf werken wie *ein* Sein:
Jeder Gegensatz löst sich im Ganzen auf.

Dem Bild der Zahl genügst auch du:
in vielen Welten werkt dein Geist zugleich,
doch greifbar immer in *einer* nur, die deiner
Wahl. Mannigfach gefaltet und am Inversen
erloschen, findet sie aus dem Unfesten
ins Irdische zurück, erfährt ihre Bestimmung
im endlos gestreckten Einen, das sich selber
kennt als unwandelbares Ganze: EN KAI PAN!

In namenlose Bereiche gräbt die Zahl sich ein
und deutet sie. Freilich, Lot und Baustein im
absoluten Denken Gottes ist die *Primzahl* allein:
deren Walten im Endlosen stiftet jedes Gesetz!

Logarithmus ist Umkehrung des Maßlosen,
Bändigung des Unfügsamen von der Krone aus.
Am umgestülpten Ausdruck lässt das Endlose
sich leichter ablesen, ohne es zu bedrängen
mit entehrender Enge. Die ergiebige EULER-Zahl
sprüht aus der Welten-Mitte: mit den irdischen
Gesetzen zugfest verflochten, wie mit der Kreiszahl
Pi, mag sie eilige Fortschreibung ins Grenzenlose.
Auf der Zielebene sind beide nur leicht verändert
und bedingen dennoch große Neuordnung dort.

Wen *viele* Welten tragen, lebt auf der Erde
heimatlos wie ein Späher im Nichts. Auch du bist
Wanderer *zwischen* den Welten. Kein Gedanke,
der nur *einem* Raum gehört. Alle Wesen kappen
einst die Anker erlernter Blindheit und Enge.

Dem Anliegen Gottes, Fülle aus Liebe *und* Wissen zu stiften wird künftig in hohem Maße, geradezu ekstatisch entsprochen werden.

Der Grenzwert Glück ist fest verwoben mit dem Ganzen und soll nicht umsonst verfolgt werden. So will es der beharrlich schaffende Gott, in uns.

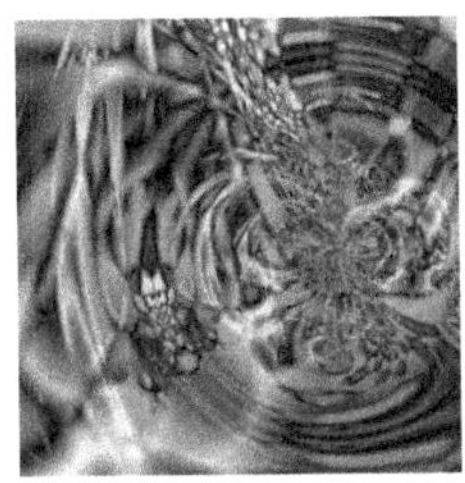

Wendezeit

Noch ist die Nacht groß gebaut und rastlos
ihr Wirken in den Rinnen des Verfahrenen,
die schwärzer blühen denn je und immerzu
nach Zerstörung des Geschaffenen lechzen.

Es schwirrt der angeschlagene Geist der Lügen
anteilslos an lichten Hügeln fast vorbei und ruft
nach seiner Brut, dem Starrsinn, in das Dunkel,
der wie ein Wächter friert und seine Netze wirft.

Der Schweif *verzerrten* Glaubens hallt im Raum
immerfort, doch erhellt ihn nicht! Anstößig Eigenes,
einer Heckenrose gleich, die um festes Berühren
wirbt, dabei den Biegsamen rückhaltlos sticht.

Nur im Hinterland wuchern lichtere Ziele,
um die ein Ringen ohne Zögern sich bewirbt,
das auch die Sonne am gestutzten Firmament
sanft umwirbt, im Lichte eines neuen Morgens,
der verschlafen den anrückenden Tag besingt,
im Wissen um das Kommende, das aus allen
Steinen quillt und sich selber restlos genügt.

Wilde Rose

Wir wissen nicht,
was in uns stirbt,
wenn der letzte Baum
geschlagen ist.

Die Fähren fahler Monde
tauchen in den Bauch
der Nacht zur Reise
in die tiefe, feiste Nat.

Teleportierte Einsamkeit
steht vor gezeichneten Türen.

Dein Leben, endloser Versuch
zu bereinigen, was den ersten
und letzten Eindruck stört.

Am jüngsten Tag
kommt die Wahrheit unverblümt.
Ertragen kannst du sie nicht.

Tränen sind das salzige Wasser
hausgemachter Dürre.

Wann werden wir
für mündig erklärt?

Windrose

Südlich vom Zweifel,
der zerfetzte Puls
einer betrogenen Erde.
Blutacker grinsend gesät.

Nördlich davon,
die Starre der Vermutung.
Profillose Boten scheitern
planmäßig.

Im Westen,
Augen voll Schlaf.
Getrübte Einsicht seit jeher.
Rätselhaftes Zögern
wirft Fragen auf.

Im Osten,
beschleunigte Entriegelung.
Zerfall des Unvereinbaren
vorprogrammiert.

Und wo begegnen wir uns?

Winter

Umwoben von erstarrten Kindertagen,
die weit im Hinterland verborgen liegen,
steigt Kälte in den Raum, der nur
in sich selbst gekehrt jede Grenze sprengt
und wäre sie noch so fern.

Bald wird es kälter werden.
Die ersten Gänse ziehen
über die prallen Dächer der Stadt,
die unberührt und angelehnt
an ihren Chorgesang der Fülle
längst nicht mehr zu geben weiß.

Die Flächen liegen weiß gestreut
und decken zu die Dinge,
die unausgesprochen bereits Lügen sind
und ausgesprochen abscheulich klingen.
Es wird noch kälter werden.

Nur in den Träumen öffnet sich ein dünner Saum,
der Ungeahntes lässt weiß entspringen,
welches über die Sinne weit hinaus die Erde trifft
und das, was unversehrt im Eis geblieben
zu neuem Leben drängen lässt.

Winter II

Der Tag ist aus Glas.
Er schneidet die Sinne
in helle Scheiben mir.

Ich liebe dich, du fremdes
Leben in fremder Hülle!
Am anderen Ufer
ist Platz für vieles mehr.

Kein Gott will weilen
beim Zögling, der bettelt
um ein nichtiges Glück.

Mir ist mein Liebstes
abhandengekommen.
Es brachte einen Hauch
von Starre an mein Ohr.
Die Klänge der Sonne
mahlen drüben lichter
und inniger.

Empört liegen die Seher
zu Füßen mir.
Sie verstehen nicht.

Im Schrein der Fürsprache
liegt begraben der Sommer.
Zerrüttete Leben treiben
unter flirrenden Brücken.

Bald werden Horden
von Schweigsamen
mich nach unten ziehen
und berühren hart
mit messerscharfen Worten.

Frieden säen die Himmlischen.
Kampf ernten die Sterblichen.

Wisse es

Was du jetzt nicht weißt,
wirst du nie erfahren.

Was du jetzt nicht bist,
wirst du nie mehr sein.

Alles ist in dich hineingegraben,
ohne Vorbehalt und ohne Beginn.

Wisset

Wenigen, die nach Höherem streben,
ist es gewährt zu sehen den Gott
im Bettlerkleid der verpönten Kreatur.

Nichts heilsamer als die Kraft
den alten Menschen abzulegen, das alte Joch.
Ein neues Antlitz ist seit ewigen Zeiten
auch deins. Finde es nur.

Vater, leihe die Unschuld mir zu sehen.
Lasse rühren mich an das unerwartete,
verborgene Schöne in der *reinen* Kreatur.

Dir ist kalt unter gefeierten Blinden.
Doch zürne nicht dem Seher in dir!
Verteile weitherzig nur die neue Saat
auf den Acker der verbrauchten Welt.

Wo ist Gottes Geist

Im Welteninneren eingedeicht?
In Gefilden ferner Einsamkeit?
Verborgen an den Ufern des Seins?
Dort, wo Nichtsein und Sein
aufeinanderprallen? Im Niemandsland
unfertiger Träume, die nie geträumt
wurden, nicht in Gottes Geist?

Ist ein Außenstehender Gott?
Ist ein Heimatloser er *vor* der Welt?
Ist ein Herrscher er? Ein Koloss,
der die Weltenpfeiler fauchend
auf gewaltigen Schultern trägt?
Ist ein Hirte er, der rastlos dich führt
in die blühenden Täler deiner selbst?

All das ist Gott...
und mehr noch die Liebe.

Wohnung für alle

Woher nähmen sie, die in das Fleisch
Geborenen die Gewissheit um ihre
Herkunft im Geist?
Sie ist *in* ihnen, du Bote der jenseitig
Thronenden! Sie kann nicht fehlen.
Ein Gott baut ihr Innerstes ruhelos
mit scharfen Klingen seit Anbeginn.

Wohin darf Schwachheit sich wenden,
wenn nicht nach innen, an die Schwelle
der Göttergleichen und Friedvollen?

Des Menschen Geist ist kleingläubig
und voller Zweifel für das Wahre.
Am Schein aber, am tosend Flüchtigen
verschwendet er sein Leben reuelos.

Wir aber, die verstehen, dürfen nicht
übersehen, dürfen nicht fortleben lassen
die Frevel im Schatten der alten Welt!

Gleichwohl, im Hause unseres Vaters
ist Wohnung für alle, die Ihn suchen.

Zahlenmetapher

Instabile Formen der Zahl
sind vom Denken entriegelte
Landschaften im Endlosen.

Unverstandene Hinwendung
zum vielfach Unendlichen.

Aufbruch in den Kern,
in ein zeitlos Größeres.

Das Abbild des Geistes liegt
in der *Zahl* versteckt.

Lineares Denken überwunden!

Verbindungen *zwischen* Welten
knüpfen. Das ist Neuschöpfung
der einstigen, eingleisigen Welt.

Vielfach infinite Annäherungen
an das absolute Maß benannt!

Dimensionen klaffen üppig
wie offenes Land. Wo liegen
die Neuerer eingegraben?

Am Tag unserer Verjüngung
werden wir verstehen.

Zäsur

In üppigen Hainen raunender Bäche
wachsen hart und verborgen die Zedern
in die Vernunft hinein.

Keine Brücke findet ihren Weg von allein.
Nur der sie Begehende schafft Sinn als Bild.
Im Spiegel ist der Sinn mit dem Ding geeint.

Kein Fauchen kann stillen, was nie geflossen
sich flammend erhebt und klagend will!
In die Dürre gekrallte Löwen springen
in den Palästen erneuerter Einsamkeit.

Vom Atem der Nacht umschlungene Erdenjahre,
einstige Schöne wollüstiger Spiegelungen,
streben himmelwärts in entstellten Bahnen.

Ein einziger Verlierer: der Anstand!
Verlogene Schwäche hinter hohlem Getue
lehrt das Blindsein bluten.

Zeit der Wärme

Still die Stunde, nach innen zeigend
in das Land Immergrün,
wo *fertige* Leben glänzen,
die geweiht dem Licht alles gebären:

die Herzen einer gewaltlosen Zeit,
die Wärme geistgetränkten Strebens,
den Mut zur Einsicht, der nach oben zieht
selbst das geschändete Wort.

Bald werden wir fliegen
an den Stürmen schadlos vorbei.

Zeitgeist

Die Stadt der Luftschlösser ist groß.
Die Zahl ihrer Diener unermesslich.
Über diese Dächer weint die Sonne still hinweg.
Ein Schleier verbirgt ein jedes Angesicht,
das in sich selber leise ruft: Verrat, Verrat!

Draußen aber, an den vordersten Linien,
die unversehrt sich weiter dehnen,
erklingen seltsame Weisen,
die von Dingen reden, die jetzt unbeachtet,
doch vielen einst vertraut gewesen:

Sie rufen einen jeden zu sich selbst zurück.

Zugvögel

Gezeichnete Tage,
wenn im silbernen Spiel der Wasser,
von Septemberwinden kahl geschält,
entblößt im Strom die Barke lautlos zieht
ohne Steuer, dennoch wie geführt
am Gewesenen reift,

wenn ein Heer von flauen Kranichen
sich kaum noch in den Lüften hält,
von Gedanken schwer die große Reise
dennoch angeht und versehentlich
die zerfetzten Wolken streift,

wenn zu ihrem Ruf jeder Greis
wie erschrocken
nie mehr einschlafen kann,

wenn eine Dirne blass gekämmt
am Fenster angestrengt den Fernen
lauscht und dabei den Mond übersieht,
wie er nur ihr herüberwinkt,
auf dass sie zu ihm kommen mag
und sich beeilen soll,
ehe der Morgen alles verwischt...

Zwischenbilanz

Die Wunden heilen.
Sie waren tief.

Diesmal stärker dastehen.
Wissen ohne Hilfssätze,
ohne andere Krücken
und ohne Bedauern.

Aufbrechen die Schale,
die den Kern nur beschwert,
ansonsten aber überflüssig,
seit langem schon.

Schuldbilder in der Gosse beilegen.
Gelassen streiten,
denn schonungslos die Gefühle.
Bereinigen und tiefer dringen.

Irrwege endlich verlassen
und genesen *wollen*,
ohne Reue,
ohne Rückkehr,
ohne auch nur einen Zentimeter
neu gewonnenes Land abzutreten,
nie wieder!

Alphabetisches Werkverzeichnis (1980-2000):

SGD